W0046715

Dr. med. vet. Stefan Oetjen

Der gesunde Hund

Haltung • Pflege • Vorsorge •
Behandlung • Erste Hilfe

WILHELM HEYNE VERLAG
MÜNCHEN

HEYNE RATGEBER
08/5355

Umwelthinweis:
Dieses Buch wurde auf
chlor- und säurefreiem Papier gedruckt.

Originalausgabe 4/2001
Copyright © 1998 und 2000 by
Wilhelm Heyne Verlag GmbH & Co. KG, München
http://www.heyne.de
Printed in Germany 2001
Redaktion: Dagmar Loy
Lithografie: RMO & Welte, München
Umschlagillustration: ZEFA Visual Media/Lenz
Umschlaggestaltung: Eisele Grafik-Design, München
Die Aktualisierung der Grenzformalitäten und
Einreisebestimmungen erfolgte mit
freundlicher Genehmigung des ADAC
Herstellung: Helga Schörnig
Satz: Gramma GmbH, München
Druck und Bindung: RMO & Welte, München

ISBN 3-453-17968-4

Inhalt

Vorwort 9

Welcher Hund passt zu mir? 12

Allgemeine Gesundheitsvorsorge 15

Der Hund als Haustier 17

Gesundheitscheck von Kopf bis Pfote 20

Die richtige Pflege 30

Verbände richtig anlegen 35

Tätowierung 43

Mit dem Hund auf Reisen 45

Erste Hilfe 51

Erste Maßnahmen am Unfallort 53

Der Schock 68

Biss- und Krallenverletzungen 71

Verbrennungen und Verbrühungen 72

Hitzestau und Hitzschlag 73

Insektenstiche 75

Vergiftungen 76

Erbrechen und Durchfall 80

Magendrehung 82

Fremdkörper 85

Krankheiten 91

Die wichtigsten Infektionskrankheiten 93

Wurmbefall 105

Flöhe und Zecken 116

Reisekrankheiten 122
Angeborene Fehlstellung:
Hüftgelenksdysplasie 127
Wenn Medikamente nötig werden 129

Fortpflanzung 133
Trächtigkeit und Geburt 135
Kastration der Hündin 148
Kastration des Rüden 152

Anhang 157
Wichtige Adressen für Tierfreunde 159
Grenzformalitäten und
Einreisebestimmungen 162
Zum Autor 171
Bildnachweis 172
Register 173

Meiner Mutter

Vorwort

Vor Ihnen liegt der Ratgeber »Der gesunde Hund«. Entstanden ist dieses Buch aus meinem Erstlingswerk »Die große Tierarzt Dr. Engel Haustier-Apotheke«. Ich sollte nun einen Ratgeber nur für Hundebesitzer bzw. für Personen schreiben, die mit dem Gedanken spielen, sich einen Hund anzuschaffen.

Ich habe mich, auch in diesem Buch, bewusst auf praxisrelevante Themen bei der Hundehaltung beschränkt. Mehrere Kapitel aus der Erstveröffentlichung sind übernommen und zum Teil komplett überarbeitet worden, darüber hinaus habe ich weitere wichtige Kapitel hinzugefügt, z. B. Reisekrankheiten, bestimmte Einreisevorschriften, allgemeine Tipps, Magendrehung bei Hunden oder häufig vorkommende Fremdkörper, um nur einige zu nennen.

Für mich war und ist es wichtig, dass Sie als Tierbesitzer mit der täglichen Routinearbeit in der Tierarztpraxis vertraut sind. Sie werden nach dem Lesen dieses Ratgebers in der Lage sein, dem Hund im Notfall Erste Hilfe zu leisten und Verbände anzulegen, eine allgemeine Gesundheitsvorsorge durchzuführen, über Probleme wie Infektionskrankheiten, Geburt, Schock, Vergiftungen, Wurmbefall bei Hunden und Ernährung zu diskutieren, und das alles vor dem Hintergrund einer soliden Allgemeininformation.

Natürlich wird und soll dieses Buch einen notwendigen Besuch beim Tierarzt nicht ersetzen, aber die Informationen tragen mit Sicherheit dazu bei, den Gang zum Tierarzt überlegter vorzunehmen.

Ich hoffe nun, dass Ihnen dieses Buch viel Freude beim Lesen bereiten und Ihr Wissen weiter vertiefen wird.

Dr. Stefan Oetjen

§ 1
Tierschutzgesetz

Zweck dieses Gesetzes ist es, aus der Verantwortung
des Menschen für das Tier als Mitgeschöpf dessen
Leben und Wohlbefinden zu schützen.
Niemand darf einem Tier ohne vernünftigen
Grund Schmerzen, Leiden oder Schäden zufügen.

Welcher Hund passt zu mir?

Wenn Sie mit dem Gedanken spielen, sich ein Haustier zuzulegen, sollte eines immer am Anfang Ihrer Überlegungen stehen: Informieren Sie sich rechtzeitig und ausführlich über den neuen Mitbewohner, den Sie für sich ins Auge gefasst haben. Durch diese intensive Beschäftigung vor dem Kauf wird Ihnen zunehmend bewusst werden, dass die Anschaffung auch heißt, Verantwortung für das Tier zu übernehmen. Wenn Sie sich mit den Fragen zu Haltung, Pflege, Fütterung, Tierarztkosten, Urlaubszeit etc. frühzeitig auseinandergesetzt haben, werden Sie den Kauf im Nachhinein sicher nicht bereuen. Ich erinnere hier nur an die unzähligen ausgesetzten Hunde gerade während der Urlaubs- oder Nachweihnachtszeit.

Die in den letzten Monaten immer wieder aufkeimende Diskussion um so genannte Kampfhunde macht es Ihnen als neue Besitzer nicht leichter, sich für ein Tier einer größeren Rasse zu entscheiden. Die Emotionen wogen zurzeit hin und her und die Pöbeleien auf offener Straße reißen nicht ab.

Derzeit ist noch unklar, wie die neuen Kampfhunde-Verordnungen mit den geforderten Wesenstests und Unbedenklichkeitsbescheinigungen aussehen werden. Deshalb sollten Sie sich vor dem Kauf eines Hundes genau über die Rasse informieren. Wollen Sie einen reinen Begleithund? Einen reinen Wachhund? Einen Familienhund? Einen Schutzhund? Welche Rassen kommen für Ihre persönlichen Anforderungen überhaupt in Frage?

Des Weiteren sollten Sie sich über mögliche Erbkrankheiten informieren, ein Thema, das Bücher füllen
könnte. Denn jede Rasse hat ganz bestimmte Erbkrankheiten aufzuweisen. Das kann das Knochensystem, die
Augen, die Ohren, die inneren Organe wie Leber, Nieren
oder Blase, die Haut, die Muskulatur, den Stoffwechsel
u. v. m. betreffen. Informationen hierüber im Vorfeld
ersparen Ihnen manchmal unnötige und schmerzhafte
Tierarztbesuche.

Haben Sie sich erst einmal für eine Rasse entschieden, nehmen Sie sich die Zeit, um Händler, Züchter
oder Zoohandlungen zu besuchen. Machen Sie sich vor
Ort ein Bild von dem gesamten Umfeld, in dem Ihr
neuer Hausgenosse gezüchtet, geboren und gehalten
wird. Scheuen Sie sich nicht, genau zu hinterfragen, wo
die Tiere herkommen. Aus meiner Erfahrung kann ich
Ihnen sagen: Es gibt unter den Tierhändlern mehr
»schwarze Schafe«, als Sie es für möglich halten.

Möchten Sie ein Tier aus dem Tierheim holen, sollten
Sie sich auf alle Fälle vorher beim dortigen Tierarzt über
mögliche Erkrankungen bzw. Verhaltensauffälligkeiten
Ihres Wunschkandidaten erkundigen.

**Allgemeine
Gesundheitsvorsorge**

Der Hund als Haustier

Die Gesellschaft eines Hundes wirkt sich auch positiv auf die geistige und körperliche Gesundheit von uns Menschen aus. Gut erzogene und gepflegte Vierbeiner vermitteln zudem ein gewisses Maß an Sicherheit. Eine möglichst artgerechte Haltung, Pflege und Fütterung kann dies noch verstärken. Regelmäßige Gesundheitskontrollen erhöhen nicht nur die Lebensqualität und Lebensdauer Ihres Vierbeiners, sondern sie sorgen zusätzlich für mehr Vitalität und weniger Gesundheitsprobleme.

Regelmäßige Gesundheitskontrolle

Einige Kontrollen können Sie in regelmäßigen Abständen selbst durchführen. Der Tierarzt wird weitere Untersuchungen vornehmen.

Die Grundvoraussetzung für ein gesundes Tier ist eine gute, ausgewogene Ernährung, die dem Alter des Tieres entspricht (Welpenkost, Diät für erwachsene Hunde, für trächtige und säugende, für alte Hunde).

Mittlerweile weiß man, dass die zusätzliche Gabe von Kalzium- oder Eiweißpräparaten, die vorgeben, ein »gesundes Wachstum« Ihrer Lieblinge zu gewährleisten, nicht nötig sind. Neueste ernährungsphysiologische Untersuchungen haben ergeben, dass eine zu kalzium-, eiweiß- und energiereiche Ernährung gerade bei den Jungtieren die Knochenentwicklungsstörungen heraufbeschwört, die man durch diese Fütterung eigentlich verhindern wollte. Man geht derzeit sogar so weit, dass die Welpennahrung einen Eiweißgehalt von nicht mehr als 25 Prozent enthalten sollte (ähnlich des Eiweißgehaltes der Erwachsenennahrung).

Ich kann Sie also an dieser Stelle nur davor warnen, Ihrem Hund sehr hochwertiges Futter zu geben. Gerade die großwüchsigen Rassen bekommen leicht Probleme mit dem Knochenbau. Besonders gefährdet sind das sehr komplizierte Ellbogengelenk, die Schultergelenke sowie die Hüftgelenke.

Ist Ihr Vierbeiner krank (Herz-, Nieren- oder Leberleiden, Diabetes oder Fettleibigkeit), sollten Sie ihm nach Rücksprache mit dem Tierarzt eine entsprechende Nahrung anbieten. Es gibt hier die unterschiedlichsten Futtermischungen auf dem Markt, die sich auf die Bedürfnisse der Patienten abstimmen lassen.

Darauf sollten Sie
REGELMÄSSIG ACHTEN

Die regelmäßige Kontrolle des eigenen Tieres ermöglicht es Ihnen, Veränderungen rechtzeitig zu erkennen.
Die Beobachtung der folgenden Punkte bietet eine optimale Möglichkeit zur Früherkennung sowie Verhütung von Krankheiten.

- *Verhalten des Tieres*
- *Haltung und Bewegung*
- *Ernährungszustand (Gewichtskontrolle)*
- *Haut und Fell*

- Körpertemperatur
- Zähne
- Augen
- Ohren
- Beurteilung der Atmung
- Beurteilung des Bauches
- Geschlechtsorgane
- Beurteilung der weiblichen Gesäugekomplexe
- Analbereich
- Kotabsatz
- Urinabsatz
- Trinkverhalten

Futter

Hunde sollten 2–3 Mahlzeiten täglich bekommen: jeweils eine kleinere Portion am Morgen und am Mittag und eine größere am Abend.

Die Tiere bleiben so nach der morgendlichen Fütterung noch agil und bewegen sich gerne, während die abendliche Mahlzeit für die nötige »Bettschwere« sorgt.

Bewegung

Der Ernährungszustand von Hunden steht übrigens in direktem Zusammenhang mit ihren Bewegungsaktivitäten: Wer viel läuft, der kann auch mehr fressen; wer gar nicht läuft, der will nur fressen. Viel Bewegung beugt außerdem Herz- und Kreislauferkrankungen, Stoffwechselerkrankungen sowie Fettleibigkeit vor.

Ebenso wie das Futter ist für Ihren Vierbeiner wichtig, dass er genügend trinkt, dabei ist die Wasseraufnahme auch abhängig vom Nahrungsangebot. Trockenfutter führt sicherlich zu einem höheren Wasserbedarf. Wenn Sie Ihrem Hund überwiegend Feuchtfutter geben, wird er wesentlich weniger trinken.

Verdauung

Beim Kotabsatz Ihres Hundes achten Sie regelmäßig auf Menge, Konsistenz, Farbe, Beimengungen (Schleim, Blut u. a.) und Häufigkeit. Sie erhalten damit eine Vielzahl an Informationen, die im Fall einer Krankheit für die Diagnose des Tierarztes wichtig sind.

Gesundheitscheck von Kopf bis Pfote

Haut- und Fellveränderungen

Um mögliche Krankheiten frühzeitig zu erkennen, sollten Sie sich Ihren Hund in regelmäßigen Abständen genauer ansehen. Beginnen Sie dabei mit Fell und Haut. Ist das Fell glatt und glänzend? Gibt es größere haarlose Stellen oder gar Haarausfall? Befinden sich Parasiten im Fell und auf der Haut?

Die Beurteilung des Fells ist eng gekoppelt an den Zustand der Haut. Veränderungen der normalen Haut können durch eine Vielzahl von Erkrankungen hervorgerufen werden. Rötungen, Schwellungen, Blutungen, Verfärbungen, Krusten, Schuppen, Pusteln, flächige Ekzeme, kreisrunden oder symmetrischen Haarausfall können Sie selbst leicht feststellen. Die Ursachen sind jedoch vielfältig und reichen von allergischen Reaktionen (Futtermittel-, Kontakt- und Flohspeichelallergie, Allergene aus der Umwelt u. a.) über hormonelle Störungen (Erkrankungen der Schilddrüse, Nebenniere u. a.) sowie Stoffwechselerkrankungen und Parasiten bis hin zu Autoimmunkrankheiten (Entwicklung von Antikörpern gegen die eigenen Körpereiweiße).

Die Diagnose einer Hauterkrankung gestaltet sich oftmals sehr schwierig und ist nicht selten mit großem Aufwand verbunden (Blut- und Röntgenuntersuchungen, hormonelle Testverfahren, Anfertigung und Untersuchung von Hautstanzen u. a.). Allerdings sind fast 90 Prozent aller Hauterkrankungen auf einen Befall mit Flöhen zurückzuführen (s. Seite 116).

Augen

Kommen wir nun zu den Augen. Sie sollten auf die Farbe der Lidbindehäute achten, die normalerweise blassrosa sind. Sind schleimige Absonderungen oder eitriges Sekret zu sehen? Sehen Sie Tränenstraßen am nasenseitigen Augenwinkel? Ist das dritte Augenlid vorgefallen? Wie sieht die Hornhaut aus? Ist sie glatt, feucht, glänzend und ohne Auflagerungen? Wie sehen die Lidränder aus, sind sie nach außen oder nach innen gerollt? Befinden sich zusätzliche Haare auf dem Lidrand? Irritieren die Haare die Hornhaut? All diese Veränderungen sind erste Zeichen für eine Erkrankung im Bereich des Auges, die nach Diagnose durch den Tierarzt entsprechend behandelt werden muss; sei es konservativ (lokal mit Augensalben und Augentropfen oder zusätzlich systemisch, das heißt mit Tabletten, Injektionen u. a.) oder gar chirurgisch.

Ohren

Als Nächstes sollten Sie sich den Ohren Ihres Vierbeiners widmen. Abhängig von der Ohrenform (Schlapp- oder Stehohren) kommen mehr oder weniger häufig Ohrenentzündungen vor. Auch hier können Rötungen, Schwellungen, Sekret im Ohr oder an den Ohrrändern und Verletzungen an der Haut der Gehörmuschel ein erstes Indiz für Erkrankungen sein. Ein veränderter Geruch aus der Ohrmuschel muss ebenso beachtet werden wie verschiedene Verhaltensmuster. Hält Ihr Haustier den Kopf schief? Schüttelt es häufig den Kopf? Versucht es sich am Ohr zu kratzen?

Treten solche Veränderungen auf, liegt mit an Sicherheit grenzender Wahrscheinlichkeit eine Entzündung oder eine Veränderung am oder im Ohr vor.

Denken Sie auch an mögliche Fremdkörper im Ohr. Grannen, Tannennadeln, aber auch einen Grashüpfer habe ich schon im Gehörgang eines Cockers gefunden!

Ist von Ihrem Tierarzt eine Ohrenentzündung diagnostiziert worden, wird er Ihnen Ohrentropfen oder eine Salbe mitgeben, die Sie nach seinen Anweisungen verabreichen sollten. Reinigen Sie den Gehörgang auf

keinen Fall mit Wattestäbchen (Q-Tips o. ä.). Sie bringen die Sekretpfropfe nur noch weiter in die Tiefe und
verschlimmern dadurch die gesamte Situation. Um
Ohrenentzündungen zu verhindern, können Sie die
Ohren Ihres Hundes vorbeugend ein- bis zweimal alle
2 Wochen reinigen und desinfizieren (siehe Medika-
mentenliste Reiseapotheke).

Zähne

Die Untersuchung der Zähne bzw. des Zahnfleischs sowie der Schleimhaut an den Lefzen ist ein weiterer wichtiger Teil unseres Gesundheitschecks. Die Zähne sollten
frei von Auflagerungen (Verfärbungen durch Zahn-
stein), nicht abgebrochen und ohne Zahnschmelzdefekte sein. Das Zahnfleisch sowie alle anderen Schleimhäute der Mundhöhle sind normalerweise blassrosa
gefärbt (Ausnahme: pigmentierte Schleimhautbereiche)
und ebenfalls ohne Ablagerungen oder Schwellungen.

Hunde besitzen wie wir Menschen ein Milchzahnge-
biss, das im Alter vom 4. bis etwa 7. Lebensmonat wech-
selt. Es gibt einige Hunderassen (meist die so genannten
»Apfelkopfrassen« wie Chihuahua, Yorkshire Terrier
oder Malteser, daneben aber auch Dackel und – selten –
Irish Setter), bei denen der Milchzahnwechsel nicht
vollständig stattgefunden hat. In diesen Fällen bleiben
meist die vier Milcheckzähne (Canini) weiter im Gebiss.
Das kann zu Problemen für die nachfolgenden blei-
benden Zähne führen, da die Zahnwurzeln der noch
vorhandenen Milcheckzähne die Zahnwurzeln der
nachfolgenden Eckzähne und der ersten vorderen Ba-

ckenzähne derart beeinflussen, dass Entzündungen bis hin zum vollständigen Verlust der Zähne die Folge sein können. Deshalb sollten solche persistierende Milchzähne immer durch den Tierarzt entfernt werden.

Mögliche Fehlstellungen der Zähne sollten Sie rechtzeitig erkennen und behandeln, damit es im fortgeschrittenen Alter des Hundes keine Probleme beim Fressen und Kauen gibt.

Auch bei Hunden ist die Pflege der Zähne ein wichtiger Baustein für die Gesunderhaltung. Es gibt einige Möglichkeiten, angefangen bei Kaustrips bis hin zu Zahnpasta, Zahnbürste und Mundspülungen.

Atmung

Der nächste Punkt Ihrer Kontrolle befasst sich mit der Beurteilung der Atmung Ihres Hundes, die gleichmäßig und sowohl aus Brust- als auch aus Bauchatmung (costoabdominal) bestehen sollte, mehr dazu im Kapitel Erste Hilfe.

Bauch

Die Beurteilung des Bauchs bezieht den Bauchumfang und das Gesäuge, also die Zitzen, mit ein (sowohl bei männlichen als auch bei weiblichen Tieren). Sind Rötungen, Schwellungen, Verhärtungen oder Verletzungen zu erkennen? Befindet sich Flüssigkeit in den Zitzen? Im gleichen Zug kann auch der Nabel untersucht werden; nicht selten sind Nabelbrüche zu finden (kleine, meist weiche Schwellungen unterschiedlicher Größe im

Nabelbereich), die im Allgemeinen harmlos sind und keine Komplikationen erwarten lassen. Nur bei größeren Brüchen muss das Tier operiert werden. Das Durchtasten des Bauchs verlangt viel Übung und sollte deshalb Ihrem Tierarzt überlassen bleiben.

Regelmäßige Bewegung ist die beste Medizin

Bewegungsapparat

Widmen wir uns noch dem Bewegungsapparat. Die gleichmäßige Belastung aller vier Gliedmaßen ist wichtig, um Verschleißerscheinungen zu verhindern. Ebenso sollte keine Gliedmaße oder auch nur ein Teil davon geschwollen, übermäßig gerötet sowie vermehrt warm sein, da dies auf eine Entzündung hinweist.

Achten Sie darauf, wie Ihr Hund sich setzt, wie er wieder aufsteht, ob Lahmheiten anfänglich vorhanden, nach längerem Laufen aber wieder verschwunden sind, ob sich bestehende Lahmheiten bei Bewegung verstärken oder nach dem Training oder z. B. einem Zeckenbiss aufgetreten sind.

All dies sind Hinweise, die für die Diagnose wichtig sein können. Entscheidend ist auch das Alter Ihres Vierbeiners. Bei jungen Hunden sind Wachstumsfugen an den Knochen noch nicht verknöchert; starke Beanspruchung kann hier zu massiven Schmerzen führen. Es gibt zudem bei Jungtieren eine ganze Reihe von Knochenentwicklungsstörungen.

Bei den meisten chirurgischen Eingriffen ist eine Vollnarkose erforderlich, um plötzlich auftretende Abwehrreaktionen des Tiers zu verhindern und natürlich um sorgfältig und für den Patienten schmerzfrei operieren zu können. Da sich die Tiere zu Beginn einer Narkose gelegentlich erbrechen (Gefahr des Verschluckens, wodurch Nahrung in die Lunge kommen kann), ist es notwendig, dass die Tiere vor der Operation 12, besser 24 Stunden nicht gefüttert werden. Sie sollten am Tage des Eingriffs also nüchtern sein. Außerdem sollten die Patienten vor einer Operation noch Urin und Kot absetzen, da sich eine volle Blase oder ein voller Darm im Verlauf der Operation entleeren kann.

Am Abend nach der Operation sollten Sie das Tier noch nicht füttern, Wasser kann in kleinen Mengen gegeben werden.

Je nach Art des Eingriffs sowie Zustand des Patienten wird Ihnen Ihr Tierarzt noch besondere Verhaltensmaßregeln (Bewegungseinschränkung, Leckschutz, Diätmaßnahmen, Medikamentengabe etc.) an die Hand geben, die Sie auf alle Fälle befolgen sollten. Haben Sie bei Unklarheiten – welcher Art auch immer – keine Hemmungen und erkundigen Sie sich bei Ihrem Tierarzt!

Denken Sie deshalb daran, dass junge Tiere noch nicht zu sehr belastet werden sollten. Zu viel Vorsicht ist allerdings auch nicht angebracht. Sie müssen Ihr Haustier nicht bei der kleinsten zu überwindenden Stufe tragen.

Eine gute, regelmäßige Belastung ist für den Heranwachsenden ein Muss, um genügend und ausreichend kräftige Muskulatur aufzubauen.

Womit Hunde ihre Markierung setzen

Analdrüsen

Eine »Problemzone« sei hier noch angeführt: der Analbeutel oder die Analdrüse. Das Sekret der Analbeutel – im Normalfall von wässrig-breiiger Konsistenz und intensivem Geruch – wird bei jedem Kotabsatz entleert und dient als Geruchsmarkierung, sozusagen als individuelle Duftnote. Der Inhalt der Analdrüse kann sich aber auch eindicken und zu einer pastösen Masse werden, die nur schwer zu entleeren ist. In diesem Fall füllt sich der Analbeutel weiter und es folgen mehr oder weniger heftige Beschwerden. Bei sehr dicken Hunden können die Ausführungsgänge weiter in Richtung After bzw. Enddarm verlagert sein, so dass selbst bei normaler Konsistenz die Entleerung Schwierigkeiten bereitet.

»Schlittenfahren«

Sammelt sich übermäßig viel Sekret an, führt dies zu starkem Juckreiz, der sich in dem typischen Symptom des »Schlittenfahrens« äußert. Zudem haben die Tiere

Probleme beim Kotabsatz, verbunden mit starken Schmerzen. Sie versuchen häufig, sich seitlich des Afters zu beißen oder zu benagen, wodurch zusätzliche Hautveränderungen entstehen (Haarausfall, Hautrötungen). Komplikationen ergeben sich, wenn zusätzlich Bakterien hinzukommen. Es entstehen ein- oder beidseitige Analbeutelvereiterungen, die nach außen hin durchbrechen können und häufig mit starken Schmerzen und Fieber einhergehen.

Eine Massage für Ihren Hund

Die Analbeutel, die paarweise angeordnet sind, werden im Allgemeinen bei jedem Kotabsatz entleert. Ist diese Funktion gestört, können Sie versuchen, mit Daumen und Zeigefinger die Analbeutel zu ertasten und das Sekret nach hinten auszumassieren.

Aufgrund individueller anatomischer Gegebenheiten oder bei Patienten mit breiigem oder dünnflüssigem Kot (der weiche Kot drückt beim Kotabsatz nicht genügend gegen die Analbeutel, um deren Inhalt zu entleeren) kann das Sekret im Analbeutel verdicken. Zusätzlich auftretende Bakterien führen häufig zu Abszessen.

Die Therapie richtet sich nach Art und Schwere der Symptome:

- *manuelles Entleeren*
- *Spülung und Einbringen von Medikamenten mit einer Spezialkanüle*

- *Spaltung und Spülung des Abszesses mit begleitender Antibiotikabehandlung*
- *chirurgische Entfernung der Analbeutel*

Bei den genannten Symptomen muss auf jeden Fall der Tierarzt konsultiert werden. Die Behandlung umfasst in der Regel die Spaltung und Spülung des Abszesses, die Spülung eines oder beider Analbeutel, lokale Antibiotikagaben sowie die Verabreichung von Antibiotika in Tablettenform oder als Injektionen. Der Patient muss zusätzlich am Belecken oder Benagen des stark entzündlichen Bereichs gehindert werden, notfalls mit einem Halskragen. Als letzte Möglichkeit können die Analdrüsen entfernt werden. Dieser Eingriff sollte aber nur von einem chirurgisch versierten Tierarzt durchgeführt werden, da sich in unmittelbarer Nähe der Analbeutel muskuläre Strukturen des Enddarmes und des Afters befinden, die wichtig für den normalen Kotabsatz sind.

Mit Konsequenz zu guter Erziehung

Hundeschulen

Zu guter Letzt möchte ich noch kurz auf das Thema Erziehung eingehen. Als Hundebesitzer haben Sie dafür Sorge zu tragen, dass Ihr Hund bestimmten Kommandos Folge leistet. Damit meine ich nicht, dass Sie Ihrem Hund unzählige Befehle beibringen müssen. Hier geht es nur um das absolute Minimum: »Sitz« oder »Platz«, »Halt« oder »Stopp« und »Aus«. Diese Kommandos können lebenswichtig sein.

Die Erziehung kann schon im Welpenalter beginnen, spielerisches Lernen ist am einfachsten.

Sie müssen in Ihrer Erziehung nur bestimmt und konsequent sein, damit die Kommunikation zwischen Hund und Mensch auch funktioniert. Über die richtige Hundeerziehung gibt es mittlerweile zahlreiche Bücher. Zudem existieren genügend Hundeschulen, die Ihnen auch in Problemsituationen weiterhelfen können. Gerade durch die viel diskutierte Kampfhundeproblematik ist es wichtiger denn je, dass Ihr Vierbeiner die wichtigsten Grundregeln der Erziehung gelernt hat und auch ausführen kann.

Die richtige Pflege

Eine gute Pflege Ihres Vierbeiners ist immer auch abhängig von der Rasse, oder besser gesagt davon, ob Ihr Hund ein langes oder kurzes Fell besitzt.

Es ist einleuchtend, dass Hunde mit kurzem Fell einer weniger intensiven Fellpflege bedürfen. Anders ist dies bei »Langhaarhunden«. Hier muss das Fell fast täglich auf Verklettungen oder Verfilzungen kontrolliert werden. Bürsten und Kämme sollten keine zu spitzen Zinken haben, da diese möglicherweise die Haut verletzen. Die kleinen Flohkämme, die es inzwischen in zahlreichen Ausführungen gibt, sollten in keinem Hundehaushalt fehlen. Sie können beim Durchkämmen des Fells kleinste Verfilzungen lösen und zusätzlich Flöhe oder Flohkot aus dem Fell holen; diese Kämme bieten also eine weitere Möglichkeit, den Flohbefall rechtzeitig zu erkennen und dementsprechend konsequent zu behandeln.

Zu Shampoos sei gesagt, dass nur solche verwendet werden sollten, die entweder vom Tierarzt verordnet oder speziell für Hunde hergestellt wurden. Shampoos für Menschen haben beim Hund nichts zu suchen, da die zugesetzten Parfumstoffe und Konservierungsmittel nicht selten allergische Hautreaktionen hervorrufen.

Einige Worte zur Fuß- und Krallenpflege: Normalerweise müssen beim Hund die Krallen nicht ständig gekürzt werden, vorausgesetzt, der Vierbeiner läuft täglich auf einem festen, harten Untergrund. Ausgenommen davon sind die Daumenkrallen an den Vorderbeinen bzw. die Wolfskrallen – falls vorhanden – an den Hinterbeinen.

Diese Krallen haben beim Laufen keinen Kontakt zum Boden und können somit nicht abgenutzt werden. Aus diesem Grund sollten sie in regelmäßigen Abständen kontrolliert und gegebenenfalls gekürzt werden. Die Krallenspitze mit dem Ballen sollte grundsätzlich den Boden berühren. Bei übermäßigem Wachstum der

Krallen können diese mit entsprechenden Krallenzangen gekürzt und mit einer normalen Nagelfeile gefeilt werden. Dabei ist darauf zu achten, dass Sie die Krallen nicht zu weit, also in das so genannte Leben hinein kürzen, was zu spontanen Abwehrreaktionen und heftigen Blutungen führen kann. Abhilfe schafft in einer solchen Situation ein kleiner Verband.

Der Schlafplatz

Grundsätzlich ist es von Vorteil, wenn Ihr Hund einen festen Platz im Haus hat, auf den er sich nicht nur für die Nacht zurückziehen kann. Sämtliche Behälter wie Körbe, Kästen o. ä. dürfen weder scharfkantige noch andere, zu Verletzungen führende Materialien enthalten.

Der Schlafplatz sollte leicht und gut zu reinigen sein. Sehr wichtig ist, dass die Größe der Schlafstelle der Größe des Hundes angepasst ist. Unterlagen, beispielsweise Matten aus Sisal oder gummiartigen Materialien, sollten von ihrer Zusammensetzung so beschaffen sein, dass das Zerbeißen oder Verschlucken des Materials nicht zu gesundheitlichen Schäden führen kann (z. B. Darmverschluss, Vergiftungen).

Der Schlafplatz Ihres Vierbeiners muss an einer gut ausgesuchten Stelle errichtet werden, so sollten z. B. starke Zugluft oder große Temperaturunterschiede während Tag und Nacht vermieden werden.

Die Reinigung der Unterlage sollte nach Bedarf erfolgen. Bei einem Flohbefall des Hundes ist gerade auch die engste Umgebung, also der Schlafplatz, stets einer intensiven Flohbehandlung zu unterziehen.

Knabber- und Kauartikel

Die unzähligen, im Fachhandel erhältlichen Knabber- und Kauartikel für Ihre Vierbeiner, angefangen bei Schweineohren und Büffelhautknochen über Kausticks bis hin zu Hundekuchen sind und sollten immer nur kleine zusätzliche Leckereien oder Belohnungen für Ihren Hund bleiben.

Einige dieser Artikel trainieren die Kaumuskulatur, da die Zeit bis zum vollständigen Verzehr bis zu einer halben Stunde oder länger dauern kann. Andere dieser Leckereien sind dagegen wahre Kalorienbomben und führen nicht selten dazu, dass Ihr Hund – obwohl von Ihnen vielleicht gut gemeint – stetig an Gewicht zunimmt. Dies ist besonders dann der Fall, wenn Ihr Hund oder Ihre Hündin bereits kastriert ist, da die hormonelle Umstellung einen Einfluss auf die Umsetzung der Nahrung zur Folge hat. Hier ist also Vorsicht geboten, denn ein einmal zu dick gewordener Hund kann nur sehr schwer und mit äußerster Disziplin Ihrerseits wieder Gewicht verlieren.

Alles in allem ist grundsätzlich nichts gegen Knabber- und Kauartikel einzuwenden, solange sie in Maßen und unter ständiger Gewichtskontrolle Ihres Hundes durch Sie gegeben werden.

Spielzeug für Ihren Hund

Über Sinn und Unsinn der unzähligen, auf dem Markt käuflichen Spielzeuge für den Hund möchte ich mich hier nicht auslassen. Es scheint mir aber wichtig darauf hinzuweisen, auf welche Punkte Sie beim Kauf bzw. bei der Auswahl achten sollten.

Oberster Grundsatz ist, dass sich Ihr Hund beim Spielen mit dem Spielzeug nicht verletzen kann. Dazu gleich ein häufig auftretendes, aber negatives Beispiel: die Glasaugen an kleinen Stofftieren, die beim Zerbeißen zerspringen und somit nicht nur zu Verletzungen im Bereich des Fangs, sondern auch im Magen-Darm-Kanal führen können.

Die meisten Spielgeräte, wie Reifen, Ringe, Würfel u. v. m. sind aus gummiartigem und ungiftigem Material. Sie sollten selbst bei einem versehentlichen Verschlucken (natürlich nur von Teilen) keine gesundheitlichen Probleme bringen. Aber auch hier ist Vorsicht geboten.

Nach Möglichkeit sollte das Spielzeug nur zum Spielen benutzt werden. Sie als Besitzer müssen darauf achten, dass keine Teile verschluckt werden.

Zu den weitaus beliebtesten Spielzeugen, den Bällen, sei gesagt, dass Vollgummibälle und Tennisbälle abso-

lut nicht geeignet sind. Tennisbälle oder andere Filz-
bälle verdrecken, d. h. der Filzbelag setzt sich mit
kleinen Sandpartikeln zu, die dann beim Kauen oder
Draufbeißen wie Schmirgelpapier über den gesunden
Zahnschmelz reiben und diesen zerstören. Vollgummibälle sind aufgrund nicht vorhandener Elastizität
eine Gefahr, da sie verschluckt werden und, abhängig
von der Größe, im Kehlkopf oder in der Speiseröhre
hängen bleiben können. Weit größer ist die Gefahr des
Erstickens, falls nicht schnell genug erfolgreich Erste
Hilfe geleistet werden kann.

Deshalb noch einmal: Vorsicht bei der Auswahl der
Spielgeräte für Ihren Vierbeiner.

Verbände richtig anlegen

Hat sich Ihr Hund verletzt, so ist es oft wichtig, schnell
den geeigneten Verband anzulegen. Neben den Ver-
bandstechniken ist vor allem die richtige Auswahl des
Verbandsmaterials entscheidend.

Grundsätzlich sollte ein Verband immer aus vier
Komponenten zusammengesetzt sein *(siehe Bild 1 im
Bildteil)*: Wundabdeckung (fusselfreier Tupfer oder
Wundkompresse), Polsterwatte, elastische Binde (evtl.
Mullbinde) sowie Pflaster oder Tapeverband (ein sehr
fester Pflasterverband) als letzte Lage.

Der Druckverband

Je nach der Art und dem Anlegen eines Verbands unterscheiden wir zwischen einem Druck- oder einem Polsterverband.

Wunden nur mit Wasser reinigen

Eine wichtige Bemerkung zur Erstversorgung von Wunden möchte ich hier voranstellen:
Säubern Sie die Wunden auf jeden Fall nur mit Wasser, geben Sie vor dem notwendig werdenden Tierarztbesuch weder Puder noch Salben auf die Wunden. Sie erschweren damit nur unnötig die erforderlichen tierärztlichen Maßnahmen und können im Gegenteil – durch eine zwar gut gemeinte, aber verkehrte Erstversorgung – den komplikationslosen Heilungsverlauf drastisch behindern.

Der Druckverband kommt nur bei stark blutenden Wunden an Ohr, Rute, Vorder- oder Hinterbeinen vom Ellbogen bzw. Knie abwärts, seltener dagegen am Bauch und an der Brust zur Anwendung. Oberstes Ziel dieses Verbands ist es stets, eine bestehende Blutung zu stoppen, um weitere Blutverluste zu vermeiden und die Zeit bis zum Eintreffen beim Tierarzt zu überbrücken.

Knebelverband

Die stark blutende Wunde wird mit einer Kompresse abgedeckt *(siehe Bild 2)* und in einem zweiten Schritt mit einer elastischen Binde umwickelt *(siehe Bild 3)*. Bei Verletzungen im Pfotenbereich können auch zusätzlich Socken oder Plastiktüten als Abdeckung des Verbands dienen.

Sind größere Venen oder gar Arterien unterhalb von Ellbogen oder Knie getrennt, können Sie durch Anlegen eines Knebelverbandes (mit Hilfe eines Stocks und eines Sockens, einer Krawatte o. ä.) eine vorübergehende Blutleere der Gliedmaße erreichen. Dieser Verband kann etwa 2–3 Stunden auf der Wunde bleiben, ohne dass Folgeschäden für die betreffende Gliedmaße entstehen.

Der Polsterverband

Pfotenverband

Bei diesem Verband ist höchstes Augenmerk auf das Abpolstern der Zwischenzehenbereiche inkl. der Daumenkralle bzw. After- oder Wolfskralle zu legen *(siehe Bild 4)*.

Das Polstern verhindert Druckstellen zwischen den einzelnen Zehen. Nach dem Abdecken der vorhandenen Wunde wird die Pfote mit Watte und in einem weiteren Schritt mit einer elastischen Binde umwickelt *(siehe Bild 5)*.

Zum Abschluss wird ein Pflaster- oder Tapeverband angelegt *(siehe Bild 6)*. Das sehr stark klebende Material wird jeweils zur Hälfte auf den Verband und locker auf das Fell gelegt und muss anschließend fest angedrückt werden. Zu fest angelegte Pflaster- oder Tapeverbände können zu starken Stauungen im Bereich der Pfoten führen, die Schwellungen, Schmerzen und Lahmheit der entsprechenden Gliedmaße und in der Folge Abwehrverhalten und Benagen des Verbandes durch den Patienten nach sich ziehen.

Ein Pfotenverband sollte nicht länger als 2 Tage auf der Wunde bleiben.

Verband der Beine oberhalb der Pfoten

Nachdem die Wunde gereinigt und mit fusselfreiem Material abgedeckt ist, wird sie auch hier mit Watte und einer elastischen Binde umwickelt. Der Pflaster- oder Tapeverband muss nun wie beim Pfotenverband ober- und unterhalb der elastischen Binde auf das Fell gelegt und angedrückt werden. Ist die Wunde in der Nähe eines Gelenks, müssen Sie unbedingt auf die Stellung des Gelenks (z. B. Sprunggelenk) achten, da das Tier sonst zu sehr in seiner Bewegung eingeschränkt wird *(siehe Bild 7)*.

Dieser Verband kann, wenn keine offene Verletzung vorliegt, bis zu 4 Tagen am Bein bleiben. Bei infizierten Wunden bietet es sich allerdings an, den Verband einbis zweimal am Tag zu wechseln, vor allem wenn größere Hautpartien betroffen sind.

Kopf- oder Kopf-Hals-Verband

Befinden sich an den Ohren oder auf der Haut im Nacken- und Halsbereich durch Biss-, Schnitt- oder Stacheldrahtverletzung Wunden, müssen Sie diese bis zum Arztbesuch mit einem Kopf- oder Kopf-Hals-Verband versorgen.

Grundsätzlich wird hier wie bei allen anderen Verbänden verfahren. Der einzige Unterschied ist die Wicklung. Ist z. B. ein Ohr verletzt, wird die Wunde abgedeckt, das Ohr parallel zum Kopf gelegt und nun der Verband mit der ersten Lage Watte begonnen, ohne das zweite Ohr mit einzuwickeln *(siehe Bild 8 und 9)*. Sind beide Ohren verletzt, müssen natürlich beide in den Verband mit einbezogen werden.

Elastische Binde und Tapeverband werden entsprechend gewickelt, auf das Fell gelegt und festgedrückt.

Achten Sie darauf, dass Sie vor Anlegen des Tapeverbands locker mit zwei Fingern unter den Verband kommen, um den Hals des Patienten nicht unnötig einzuengen und die Atmung dadurch zu erschweren.

Wird nur ein Ohr eingebunden, kann der Verband auch bei stärkerem Schütteln des Kopfs nur schwer verrutschen. Außerdem wird dieser Verband von den Patienten recht gut toleriert.

Brust- und Bauchverband

Größere Verletzungen im Brust- oder Bauchbereich müssen auf alle Fälle von Ihnen mit einem Verband erstversorgt werden.

Auch hier verfahren Sie nach dem bereits bekannten Prinzip: Abdeckung, Watte, elastische Binde und Tape. Damit der Verband nicht verrutscht (bei Hunden mit großem, tiefem Brustkorb und relativ schmaler Taille wie z. B. Dobermann), müssen die einzelnen Lagen des Verbands auch den Schultergürtel mit einbeziehen, das heißt, Sie legen den Verband in so genannten Achtertouren an *(siehe Bild 10, 11, 12)*.

Beim Bauchverband müssen Sie zusätzlich daran denken, dass Sie bei Rüden Penis und Hoden nicht mit einbinden.

Stülpa-Verband

Diese Verbandstechnik bietet sich als Sonderform des Brust- und Bauchverbandes bei kleineren Rassen an. Nach Abmessen der benötigten Länge (als Faustzahl gilt: etwa das 2,5fache der Körperlänge) wird der Verbandsschlauch über den Kopf des Hundes gezogen *(siehe Bild 13)*. Danach schneidet man in Höhe der Vordergliedmaßen zwei Löcher in den Verband, um die beiden Vorderextremitäten hindurchzustecken. Der Verband wird nun weiter über den gesamten Körperstamm nach hinten gezogen. In 12-Uhr- bzw. 18-Uhr-Position erfolgt das Einschneiden des Verbands. Die beiden Verbandshälften werden nochmals in der Mitte zerteilt. Die nun entstandenen vier Verbandsstreifen werden mit den Enden, unter Freilassung der beiden Hinterbeine, rechts und links neben dem Rutenansatz verknotet *(siehe Bild 14)*. Den Abschluss bildet ein Klebestreifen am Halsteil des Verbands. Diese Verbandstechnik hat sich in der Praxis gut bewährt und bietet eine für den Patienten gute Alternative zu dem nicht gerade komfortabel zu tragenden Halskragen.

Zu beachten bleibt nur, dass dem Rüden die Möglichkeit zum Verrichten seiner »Geschäfte« eingeräumt werden muss, d. h. ein kleiner Einschnitt im Verband in Höhe der Penisöffnung. Je nach Verschmutzungsgrad kann ein solcher Verband ohne weiteres 5–10 Tage am Hund verbleiben.

Rutenverband

In der Praxis kommt es relativ häufig vor, dass ein Rutenverband angelegt werden muss. Mit ihm werden Biss- und Rissverletzungen versorgt, aber auch Wunden, die sich das Tier zuzieht, wenn es mit dem Schwanz an harten Gegenständen aufschlägt.

Dabei ist besonders an der Rute auf das feste Andrücken des Tapeverbands zu achten, da dieser von Hunden in aller Regel als sehr störend empfunden wird und die Patienten stets versuchen, den Verband durch heftiges Schlagen mit dem Schwanz abzustreifen.

- *Reinigung der Wunden nur mit Wasser;*
- *vor dem Besuch beim Tierarzt keine Wundabdeckung mit Salben, Puder o. ä.;*
- *Wundabdeckung nur mit fusselfreiem Material;*
- *eine vorübergehende Schienung (Stützung eines Gelenks, Stabilität bei einem Knochenbruch) kann mit einem Spatel oder Stock erreicht werden, der zwischen elastische Binde und Tapeverband eingelegt wird und den eigentlichen Verband nicht überragen darf, da sonst Folgeverletzungen entstehen können;*
- *Schutz des Verbands vor Nässe: zusätzliche Abdeckung mit einer Plastikhülle und einer Socke, die in der Wohnung wieder entfernt werden kann;*
- *Verbände nie länger als 2–4 Tage belassen, bei infizierten Wunden empfiehlt sich ein täglicher Wechsel;*
- *wird der Verband häufiger gewechselt, sollten Sie die Höhe der Wickelung variieren, damit nicht immer dieselben Hautstellen abgedeckt bleiben;*
- *versuchen Sie, das Belecken oder Benagen des Verbands durch den Patienten zu verhindern (Bestreichen mit Rheumamilch, Abdecken von Bauch- oder Brustverbänden durch T-Shirt, Halskragen);*
- *die Patienten sollten während der Dauer der Behandlung in der Wohnung bleiben.*

Tätowierung

Aus alten Westernfilmen ist uns die Prozedur hinlänglich bekannt:

Rinder und Pferde werden »gebrannt«, um die Besitzrechte unübersehbar festzuhalten. Doch auch bei Haustieren kann es sinnvoll sein, sie mit einem »Zeichen« zu versehen. Heutzutage gibt es zwei Möglichkeiten der Tätowierung:

- Zahlen und Buchstaben werden mit einer Zange in die Haut gestanzt und anschließend mit Tätowierfarbe gefärbt (eine nicht ganz schmerzfreie Prozedur, die meist unter Vollnarkose durchgeführt wird) *(siehe Bild 15),*
- die elektronische Markierung mit Mikrochip und Antenne in Miniformat in einer Bioglasröhre *(siehe Bild 16).*

Beide Methoden bieten eine gute Möglichkeit der Kennzeichnung und haben sich bei der Rettung von Unfalltieren oder bei Verlust (Entlaufen, Diebstahl) bewährt. Natürlich müssen dazu aber auch alle Angaben zu dem entsprechenden Tier in einer zentralen Datenbank gespeichert sein.

Elektronische Markierung

Die elektronische Tätowierung hat eindeutig Vorteile. Sie ist einfach und schnell durchführbar und bietet eine schmerzfreie, fälschungssichere und dauerhafte (lebenslang lesbare) Alternative zur herkömmlichen Markierung. Die Daten sind zudem international verfügbar. Bei dieser Kennzeichnung wird ein vorbereiteter Transponder mit Hilfe einer eigens dafür entwickelten Kanüle unter die Haut (linke Halsseite) gebracht – ohne Narkose. Mit einem speziellen Lesegerät kann das Tier nun über eine Nummer identifiziert werden, die zentral gespeichert und im Impfpass des Tieres eingetragen wird. Grundsätzlich können alle Tiere auf diese Weise markiert werden. Die Nachteile herkömmlicher Tätowierung, wie Manipulierbarkeit, Verblassen der Farbe im Lauf der Zeit, Nichtkorrigierbarkeit von Tätowierfehlern sowie die Schmerzen für das Tier bei der Tätowierung sind bei der elektronischen Markierung nahezu ausgeschlossen.

Für die Einreise nach Norwegen und Schweden ist entweder die von außen sichtbare Tätowierung mittels Zange und Tätowierfarbe oder die elektronische Tätowierung vorgeschrieben.

Seit April 2000 wird für die Einreise nach Großbritannien nur noch die elektronische Tätowierung anerkannt (s. Seite 166). Auch aufgrund der besseren Erkennung im Reiseverkehr wird die elektronische Markierung die ältere »Zangenmethode« mit Sicherheit bald abgelöst haben.

Mit dem Hund auf Reisen

Urlaubsplanung

Kaum jemand möchte heute auf seine Urlaubsreise verzichten. Da kann es nicht ausbleiben, dass auch Ihr Vierbeiner mit Ihnen auf Tour geht. Wenn Sie eine Reise mit Ihrem Haustier planen, versuchen Sie doch einmal, den Urlaub mit seinen Augen zu sehen: Geht es in die Berge oder ans Meer? Welche Jahreszeit ist gerade im Urlaubsland und welche Temperaturen herrschen vor? Können auf Tier oder Mensch Krankheitserreger übertragen werden?

Als Besitzer sollten Sie sich rechtzeitig über die Einreisevorschriften in andere Länder informieren.

Impfungen

Die Vorschriften für eine Einreise sind je nach Land unterschiedlich. Das reicht von gültigen Tollwutimpfungen über zusätzliche internationale Gesundheitszeugnisse bis hin zu amtstierärztlichen Bescheinigungen. Unter Umständen sind auch die Tätowierung und eine Entwurmung vor Einreisebeginn erforderlich. Großbritannien, Schweden und Norwegen haben spezielle Einreisebedingungen ausgegeben, z. B. muss ein ausreichender Tollwutantikörpertiter bei Hunden nachgewiesen werden (s. Seite 166).

Eine rechtzeitige Untersuchung Ihres Haustiers (verbunden mit der Wiederauffrischung der erforderlichen Impfungen) erspart Ihnen im Urlaub manche Schwierigkeiten, zumal nicht jeder Urlaubsort einen praktizierenden Tierarzt hat.

Am Ende dieses Buches finden Sie eine Liste über die derzeit gültigen Einreisebestimmungen einiger Länder. Im Zweifelsfall können Sie sich auch bei den Konsulaten der Länder erkundigen.

Unterwegs

Am Tag der Reise sollte das Tier nicht allzu viel fressen. Es ist empfehlenswert, Wasser bereitzuhalten und alle 2–3 Stunden anzubieten. Gönnen Sie sich und Ihrem Haustier alle 3–4 Stunden eine längere Pause, um alle »Geschäfte« zu erledigen.

Im Privatauto sollten Sie stets für eine gute Lüftung sorgen; gut wäre auch ein Transportkorb bzw. ein eigens abgeteilter Platz, um beispielsweise beim plötzlichen Bremsen oder schnellen Ausweichen die Verletzungsgefahr für Sie und Ihr Tier zu minimieren. Bei Reisen mit Bahn, Schiff, Bus oder Flugzeug gelten eigene Bestimmungen, informieren Sie sich beim Reiseveranstalter.

- *Futter- und Wassernapf*
- *evtl. Fertigfuttervorräte*
- *evtl. Dosenöffner und Löffel für das Futter*
- *Kamm, Bürste, Decken*
- *Spielzeug*
- *Reiseapotheke*
- *Erste-Hilfe-Ausrüstung*
- *Impfpass (evtl. zusätzlich Gesundheitsbescheinigung oder amtstierärztliche Bescheinigung)*
- *Liste der bisher verabreichten Medikamente (denken Sie auch an evtl. vorhandene Medikamentenallergien)*
- *Adresse Ihres Haustierarztes*
- *Maulkorb und Leine (sind in einigen Ländern vorgeschrieben)*

Die Reiseapotheke für den Notfall

Eine kleine Reiseapotheke für Ihren Vierbeiner im Urlaubsgepäck zu haben kann Sie und Ihr Tier vor mancher schlechten Erfahrung bewahren. Ich möchte ausdrücklich betonen, dass die hier aufgeführten Medikamente nur eine kleine Auswahl der auf dem Markt erhältlichen Mittel darstellen. Abzuwägen zwischen den Präparaten, die erforderlich und nützlich sind oder zusätzlich mitgenommen werden, möchte ich jedem Besitzer persönlich überlassen, denn er kennt sein Tier und dessen Bedürfnisse am besten und kann am ehesten einschätzen, für welche Erkrankungen das Tier empfänglich ist.

Ich bin der Meinung, dass jeweils eine Augen-, Ohren- und Wundsalbe sowie Buscopan, MCP und evtl. Novalgin-Tabletten für eine Notapotheke völlig ausreichen. Zusätzlich dürfen natürlich die Medikamente nicht vergessen werden, die im Rahmen einer Dauermedikation (wenn Ihr Hund Herzpatient, Diabetiker, Epileptiker o. ä. ist) verordnet werden. Eine Erste-Hilfe-Ausrüstung sollte die Reiseapotheke ergänzen (s. Seite 67).

Wenn Sie noch Fragen haben, wird Ihnen Ihr Tierarzt sicher gern weiterhelfen. Wenn Sie mit Ihrem Tier ins Ausland fahren, können Sie mit dem Tierarzt auch abklären, welche Impfungen nötig sind.

Was muss behandelt werden	Was hilft?	Medikament (Hersteller)
Auge	antibiotikahaltige Augensalbe/Augentropfen, evtl. zusätzlich Tränenersatzflüssigkeit, evtl. zusätzlich Spüllösung	Lacrybiotic (Selectavet) Thilotears (Alcon Thilo) Ophto Lavas (Chassot)
Durchfall	Floracid-Tabletten Buscopan-Zäpfchen	(Albrecht) (Boehringer)
Erbrechen	Metoclopramidtropfen (Paspertin), evtl. zusätzlich Puffer gegen überschüssige Magensäure	MCP-ratiopharm Gastrodog-Tabletten (Selectavet)
Ohr	Ohrensalbe, evtl. zusätzlich Reinigungsflüssigkeit	Fucidine (Boehringer) Kamille-Ohrreiniger (Albrecht)
Schmerzen		Metacam-Tropfen (Boehringer) Novalgin-Zäpfchen (Hoechst)
Wunden und Ekzeme	cortisonhaltige Salbe, antibiotikahaltige Salbe, evtl. zusätzlich zur Unterstützung	Delmeson-Creme (Hoechst) Sulfonamid-Lebertransalbe (WDT) Chloramphenicol-Spray (Albrecht), Furacin-Sol (Procter & Gamble) oder Lotagen-Gel (Essex)

Erste Hilfe

Erste Maßnahmen am Unfallort

Eine der schwierigsten Aufgaben, bevor wir überhaupt Erste Hilfe leisten können, besteht darin, sich dem verletzten Tier zu nähern. Selbst als Besitzer sind Sie nicht vor Biss- oder Kratzverletzungen durch das Tier gefeit, das sich im Schock befindet und verängstigt ist.

Nähern Sie sich einem verunglückten Tier sehr behutsam; versuchen Sie beruhigend auf den Patienten einzuwirken (sprechen Sie mit ihm), und lassen Sie ihn nie aus den Augen.

In vielen Fällen, vor allem aber, wenn Sie das Tier nicht kennen, werden Sie nicht in der Lage sein, sich dem Patienten zu nähern, ohne dass dieser angstvoll und aggressiv reagiert. Hunde werden in einer solchen Situation knurren, bellen und beißen und sich unter Umständen sehr wehrhaft zeigen. Darum mein Rat: Entwickeln Sie keinen falschen Ehrgeiz. Sie haben auch Sorge dafür zu tragen, dass weder Sie noch Dritte verletzt oder gebissen werden.

Ich kann Sie nur eindringlich davor warnen, einem Hund ein Band o. ä. um die Schnauze binden zu wollen, vor allem wenn Sie darin nicht geübt sind. Sie setzen sich damit einer nicht kalkulierbaren Gefahr aus.

Ist es Ihnen erst einmal gelungen, sich Ihrem Tier zu nähern, können Sie eine Reihe von Untersuchungen vornehmen, um schon am Unfallort wichtige Informationen über den Zustand des Patienten zu erhalten und gegebenenfalls an den behandelnden Tierarzt weiterzugeben.

Die Beurteilung eines Unfallpatienten sollte generell nach der ABC-Regel erfolgen: A = Atmung, B = Blutzirkulation, C = Zentralnervensystem.

Wie kontrolliere ich die Atmung?

An erster Stelle steht die Kontrolle des Atmungs- und Zirkulationsapparats. Bereits ein 3- bis 5-minütiger Sauerstoffmangel (Anoxie) führt zu irreversiblen (nicht wieder rückgängig zu machenden) Hirnschäden. Aus diesem Grund muss sofort versucht werden, die Atemwege freizulegen, falls diese durch Blut, Schleim, Fremdkörper oder Erbrochenes verstopft sind *(siehe Bild 17)*.

Dabei gehen Sie folgendermaßen vor:

- Öffnen Sie den Fang,
- ziehen Sie die Zunge vor (wirkt gleichzeitig stimulierend auf die Atmung),
- legen Sie den Atemweg frei,
- durch Strecken und Absenken von Kopf und Hals können Sie das Verschlucken von Fremdkörpern oder das Ersticken des Patienten an Erbrochenem verhindern.

Bei einem eventuellen Atemstillstand können Sie eine Mund-zu-Schnauze-Beatmung durchführen. Schließen Sie den Fang des Tieres, halten Sie sich ein Taschentuch vor Ihren Mund und beatmen Sie das Tier durch dessen Nase. Bei einer gleichmäßigen Frequenz von etwa 20 Atemzügen pro Minute sollte sich der Brustkorb des Patienten leicht heben und senken (siehe Bild 18).

Sehen Sie sich die Atmung genauer an:

Frequenz: Die Atemfrequenz beträgt 20–24 Atemzüge pro Minute. Die Atemzüge sollten regelmäßig und gleichmäßig kräftig sein.

Atemtypus: Die normale Atmung ist eine Kombination aus Brust- und Bauchatmung (costoabdominal), wobei das Einatmen aktiv, das Ausatmen passiv geschieht. Abweichungen davon geben Ihnen schon erste Hinweise auf die mögliche verletzte Stelle im Körper, die beim Atmen Schmerzen verursacht.

- Atmet der Patient verstärkt mit dem Brustkorb (costal), ist sehr wahrscheinlich mit Schmerzen im vorderen Bauchbereich (Abdomen) zu rechnen.
- Atmet der Patient mehr mit der Bauchmuskulatur/ Bauchpresse (abdominal), hat er wahrscheinlich Schmerzen im Brustbereich (Thorax).

Beurteilen Sie im nächsten Schritt die Ein- und Ausatmung (In- und Exspiration):

- Zu einer verstärkten Einatmung kommt es in aller
  Regel bei Veränderungen außerhalb des Brustkorbs
  (Thorax).
- Zu einer verstärkten Ausatmung führen meist Veränderungen innerhalb des Brustkorbs. Diese Patienten
  haben eine sehr starke Bauchpressatmung, das heißt,
  sie müssen die Atemluft gegen den Widerstand aus
  dem Brustraum pressen.
- Natürlich sind auch Mischformen möglich.

Durch die genaue Beobachtung der Atmung können Sie
Verletzungen im Brustbereich erkennen und möglicherweise bereits versorgen.

Offene Brustwandverletzungen beim Hund werden
mit der bereits beschriebenen Verbandstechnik abgedeckt (s. Seite 40).

Fremdkörper, die den Brustkorb durchbohrt haben
(so genannte perforierende Fremdkörper), z. B. Stöcke,
Nägel, Stricknadeln o. ä., lassen Sie bitte unbedingt so,
wie sie sind. Die Entfernung eines solchen Fremdkörpers könnte zu einer offenen Verbindung zwischen
Lunge und Außenhaut und damit zum Zusammenfal-
len der Lunge (Kollabieren) führen. Wir sprechen in diesen Fällen dann von einem so genannten Pneumothorax.

Durch das verletzte Lungengewebe gelangt Luft in
die Brusthöhle. Dieses Luftvolumen ist anfänglich noch
gering, kann aber durch jeden weiteren Atemzug be-

trächtlich ansteigen und zu einem lebensbedrohlichen Zustand führen, da die Luft aus dem Brustraum nicht wieder entweichen kann. Das bedeutet wiederum eine weitere Einengung des noch vorhandenen und normal funktionierenden Lungengewebes. Der Patient erstickt an seiner eigenen Atmung!

In aller Regel reichen die selbstabdichtenden Fähigkeiten des Lungengewebes aus, um einen solchen Defekt recht schnell zu verschließen, so dass ein lebensbedrohlicher Zustand erst gar nicht erreicht wird. Die bis dahin in den Brustraum entwichene Luft wird im Laufe von Tagen und Wochen wieder vollständig aufgenommen.

Wichtig für Sie als Besitzer ist, dass nach einer Verletzung mit Beeinträchtigung der Atmung auf alle Fälle eine Röntgenaufnahme vom Brustraum des Hundes angefertigt wird, um das Vorliegen eines Pneumothorax oder gar von Zwerchfellverletzungen zu erkennen und entsprechend von Ihrem Tierarzt behandeln zu lassen.

Bei stumpfen Verletzungen im Bereich des Brustkorbs, bei Rippenbrüchen, bei denen die Lunge verletzt wurde, oder bei Verletzungen des Brustfells, bei denen die Zwischenrippenmuskulatur reißt, ohne dass die äußere Haut durchtrennt wird, sowie Verletzungen der Luftröhre kann es zu einer Luftansammlung in der Unterhaut kommen, die Sie sofort anhand des typischen »Knisterns« ertasten und erkennen können. Verläuft die Heilung ohne Komplikationen, wird diese Luft in einigen Tagen von der Unterhaut wieder aufgenommen.

Ist die Blutzirkulation in Ordnung?

Durchblutung

Vor einer weiteren Beurteilung der Atmung werden nun Blutungen mit Druckverbänden gestillt.

Eine ausreichende und gute Beurteilung des Herz- und Kreislaufapparats ist für Sie mit einfachen Mitteln festzustellen.

Am Anfang überprüfen Sie, wie schnell sich die kleinsten Blutgefäße füllen (kapilläre Füllungszeit). Für diese Untersuchung ist die Schleimhaut an den Lippen (Lefzen) im Oberkiefer oder das unpigmentierte Zahnfleisch im Bereich oberhalb der Fangzähne im Oberkiefer am besten geeignet. Nachdem Sie durch einen Druck mit dem Finger eine vorübergehende Blutleere in diesen Gefäßen herbeigeführt haben, sollte die Schleimhaut innerhalb von 2 Sekunden wieder die normale blassrosa Farbe zeigen *(siehe Bild 19)*. Dauert es länger, bis die Gefäße wieder durchblutet sind, kann dies auf einen anhaltenden Schock hindeuten (s. Seite 68).

Als Nächstes können Sie die Schleimhautfarbe beurteilen. Dazu eignet sich am besten die Bindehaut am Auge *(siehe Bild 20)*, aber auch die Schleimhaut von Vorhaut (Präputium) oder Scheide (Vulva) sowie das Zahnfleisch.

Normalerweise ist die Farbe blassrosa. Abweichungen geben Ihnen wichtige Hinweise über Herz- und Kreislaufveränderungen sowie über mögliche Stoffwechselstörungen.

Schleimhaut

Ist die Schleimhaut sehr blass, spricht das für sehr dünne und schlecht gefüllte Blutgefäße, die auf einen Schock hinweisen. Ist die Farbe der Schleimhaut eher bläulich, ist dies ein Zeichen für eine Sauerstoffunterversorgung (ebenso möglich beim Schock).

Woher hat das Blut seine rote Farbe?

Wird eine gewisse Menge Blut zentrifugiert, bekommen wir einen etwas »festeren« Teil, bestehend aus allen Zellkomponenten, in der Hauptsache den roten Blutkörperchen (Erythrozyten). Der »flüssigere« Teil ist durchsichtig und wird als Serum bezeichnet. Die Farbe des Blutes kommt also von den Blutzellen, den roten Blutkörperchen.

Diese roten Blutkörperchen sorgen in unserem Blutkreislauf für den Sauerstofftransport, wobei der Blutkreislauf folgendermaßen abläuft: Blut gelangt aus den großen Körpervenen über die rechte Vorkammer in die rechte Hauptkammer des Herzens. Von dort wird das Blut über die Lungenarterie in die Lungen gepumpt. In einem sehr feinen Geflecht aus kleinsten Blutgefäßen und Luftkammern, den so genannten Lungenalveolen, findet nun der Gasaustausch statt. Die mit verbrauchter Luft (Kohlendioxid, CO_2) beladenen Erythrozyten geben dieses CO_2 an die Luftkammern ab und nehmen frischen Sauerstoff (O_2) wieder auf.

Allein die Beladung der roten Blutkörperchen macht die mehr rötliche (O_2) oder mehr bläuliche Färbung (CO_2)

aus. Über den Saug-Pump-Mechanismus des Herzens gelangt das sauerstoffreiche Blut durch die Lungenvenen über die linke Vorkammer in die linke Hauptkammer des Herzens.

Von hier aus geht es dann über die Hauptschlagader (Aorta) wieder zurück in alle Körperregionen. Damit ist der Kreislauf geschlossen.

Geht die Schleimhautfarbe ins Gelbe, liegt mit ziemlicher Sicherheit ein Leberschaden vor, der zu einer vermehrten Ansammlung von Gallenfarbstoffen im Blut und damit zur Gelbfärbung führte. Schließlich gibt es noch den Begriff der »verwaschenen« Schleimhäute. Diese finden wir häufig bei Vergiftungen.

Puls

Im nächsten Schritt untersuchen wir den Puls. Die Pulsfrequenz sollte mit der Herzfrequenz übereinstimmen: Hunde unter 6 Monaten haben eine Pulsfrequenz von 60–210, ältere Hunde hingegen 90–120 Pulsschläge pro Minute. Der Puls ist am besten auf der Innenseite und in der Mitte des Oberschenkels zu tasten *(siehe Bild 21).*

Ich habe bewusst auf das Thema Herzmassage verzichtet, weil ich der Meinung bin, dass eine Herzmassage von Laien nicht durchgeführt werden sollte. Das hat folgenden Grund:

Eine Herzmassage ist nur bei einem Herzstillstand notwendig. Wenn Sie als Untersucher einen Herzstillstand diagnostizieren, der jedoch gar nicht vorliegt, und Sie führen nun eine Herzmassage durch, obwohl noch Herzschläge vorhanden sind, wird Ihre Massage sozusagen zum Gegenspieler des normalen Herzschlags und den Patienten in den sicheren Tod führen. Deshalb: Finger weg von einer Herzmassage!

Der Puls gibt Ihnen Auskunft über den Blutdruck und die vorhandene Blutmenge. Normalerweise ist der Pulsschlag gleichmäßig und kräftig. Bemerken Sie jedoch eine deutliche Frequenzzunahme in Kombination mit einem pochenden Puls, können Sie davon ausgehen, dass die zirkulierende Blutmenge abnimmt (Volumenmangel). Es ist folglich weniger Blut im Kreislauf, das heißt, das Herz muss nun häufiger und kräftiger schlagen, um die Sauerstoffversorgung gewährleisten zu können.

Ist hingegen der Puls nur sehr schwach und fadenförmig, das heißt, er ist kaum fühlbar, schwach und gespannt, so liegt vermutlich ein Blutdruckabfall vor, wie wir ihn beim Schock finden.

Herzfrequenz

Die normale Herzfrequenz sollte in einem Bereich von 60–160 Schlägen pro Minute liegen. Der Rhythmus sollte gleichmäßig sein, wobei eine atmungsabhängige Unregelmäßigkeit normal ist: Beim Einatmen steigt die Herzfrequenz, beim Ausatmen sinkt sie.

Beide Herztöne sind im Normalfall gut voneinander abgesetzt, das heißt, ein deutlich wahrnehmbares »Bu-dup, bu-dup« ist die Regel. Die Intensität der Herztöne ist jedoch für einen Laien – aufgrund mangelnder Vergleiche – nur schwer zu beurteilen. Nach stumpfen Verletzungen (durch einen Unfall), aber auch als Folge von Infektionen kann es zu Flüssigkeitsansammlungen (Blut, Lymphe, Körperwasser oder Eiter) im Brustraum kommen, die zu schwächeren Herztönen führen. Wenn sich die Bauchorgane in den Brustkorb verlagern, weil das Zwerchfell gerissen ist, führt dies ebenfalls zu einem Intensitätsverlust.

Eine der wohl schlimmsten Komplikationen am Herzen ist die so genannte Herzbeutel-Tamponade, da sie weder rechtzeitig erkannt noch dementsprechend behandelt werden kann. Dabei passiert am Herzen genau das Gleiche wie beim Pneumothorax an der Lunge. Das Herz als reiner Arbeitsmuskel ist noch von einer sehr festen Haut umgeben, dem Herzbeutel. Bei einer Verletzung der Herzmuskulatur oder von kleineren Gefäßen wird bei jedem Herzschlag Blut in diesen Herzbeutel gepumpt. Aufgrund seiner Festigkeit wird dieser maximal gedehnt. Das steigende Blutvolumen kann jedoch nicht entweichen und drückt den gesamten Herzmuskel zusammen, bis seine Funktion völlig zum Erliegen kommt. Das Herz ertrinkt (innerhalb von einigen Minuten) an seinem eigenen Blut.

Funktioniert das Zentralnervensystem?

Zunächst müssen wir uns darüber klar werden, in welchem Bewusstseinszustand sich der Patient befindet. Man unterscheidet vier Formen des Bewusstseins:

- normales Bewusstsein:
  Der Patient ist ansprechbar, aufmerksam, reagiert auf äußere Umwelteinflüsse;
- etwas herabgesetztes Bewusstsein (Apathie):
  Der Patient ist ansprechbar, reagiert aber verlangsamt auf äußere Reize und verfällt nach dem Ansprechen wieder in einen Dämmerzustand, die Fähigkeit zu normalen Reaktionen ist nicht vorhanden;
- tiefschlafähnlicher Bewusstseinszustand (Stupor):
  Der Patient ist in aller Regel nur durch eine Anregung durch sehr starke Schmerzen aus diesem Zustand zu wecken;
- völliger Bewusstseinsverlust (Koma):
  Der Patient ist auch durch Schmerzen nicht zu wecken, Reflexe sind noch vorhanden.

Die letzten beiden Stufen sind in vielen Fällen durch starke Verletzungen (traumatisch) oder Vergiftungen (toxisch) bedingt. Sensorische Reize werden nicht mehr zwischen Hirnstamm und Hirnrinde weitergeleitet.

Je geringer der Bewusstseinsverlust ist, umso besser sind die Chancen auf eine vollständige Heilung.

Verliert der Patient ganz spontan und sehr schnell das Bewusstsein, deutet dies auf Hirnblutungen hin (Prognose ungünstig), während ein verlangsamter (protrahierter) Bewusstseinsverlust – bis zu Stunden nach dem Unfall – auf Wasseransammlungen (Ödeme) im Hirn zurückzuführen ist (bei schneller Behandlung mit durchaus günstiger Prognose).

Wenn Sie dem Tier in die Augen schauen, sollten beide Pupillen normal groß sein und auf einen Lichtreiz reagieren. Dabei muss, wenn der Lichtreiz das linke Auge beeinflusst, auch das rechte Auge mit einer Verkleinerung der Pupille reagieren – und umgekehrt.

Bei Nichtansprechen auf diesen Reiz, d. h. vollständig geweitete oder verengte Pupillen, ist mit einer massiven Verletzung im Hirnstamm zu rechnen. Auch zitternde Augenbewegungen sprechen für ein massives Kopftrauma.

Sehen Sie sich nun die Haltung des Patienten genauer an. Sind sowohl Kopf- und Halsbereich als auch alle vier Gliedmaßen überstreckt, müssen Sie ebenfalls von massivsten Hirnverletzungen ausgehen.

Der Zustand eines verunglückten Tieres sollte von Ihnen so weit beurteilt werden können, dass schon am Unfallort die Entscheidung fallen kann: Sind lebenserhaltende Sofortmaßnahmen erforderlich oder sollte der Patient – aufgrund irreparabler Verletzungen und sich daraus ergebender Leiden und Qualen – noch am Unfallort oder beim Tierarzt erlöst werden.

Reizüberprüfung

Sobald massive Störungen des Zentralnervensystems auszuschließen sind, können Sie die einzelnen Gliedmaßen auf ihre Empfindlichkeit und ihr Schmerzempfinden hin testen. Beim Reiz durch einen Schmerz, z. B. beim Kneifen eines Zehs oder der Zwischenzehenhaut, muss der Patient eine deutliche Abwehrreaktion zeigen *(siehe Bild 22 und 23)*. Zieht der Hund die Gliedmaße an, ist dies schon auf einen intakten Reflexbogen zurückzuführen (Stimulus – zum Rückenmark – von dort wieder zurück zur Muskulatur – und als Folge die Beugereaktion des Beines). Erst die Weiterleitung des Schmerzreizes zum Gehirn und damit zum Bewusstwerden dieses Schmerzes führt zu einer deutlichen Abwehrreaktion und ist daher als positiv zu bewerten. Fehlen diese Tiefensensibilität und der Tiefenschmerz an allen Gliedmaßen, liegt eine vollständige Lähmung (Paralyse) vor, die entsprechende Verletzung ist dann vermutlich im Kopf- und Halsbereich zu finden.

Sind Tiefensensibilität und Tiefenschmerz nur bei den beiden Vorderbeinen vorhanden, liegt die Verletzung des Rückenmarks vermutlich im Bereich der letzten Brust- oder der Lendenwirbel.

Wirbelsäule

Fehlender Tiefenschmerz der Hinterbeine ist ungünstig zu bewerten, da es aller Wahrscheinlichkeit nach schon zu massiven Rückenmarksverletzungen (Kompressionen) gekommen ist. Meistens sind bei Verletzungen der Wirbelsäule die beweglichen Übergänge betroffen: Kopf- und Halsbereich, Brust- und Lendenwirbelsäule sowie der Übergang von Lendenwirbelsäule zum Kreuzbein.

Wenn Sie bei Ihren bisherigen Untersuchungen keine nennenswerten Veränderungen festgestellt haben, können Sie noch die Halte- und Stellreflexe sowie die Korrekturreaktionen des verletzten Tieres überprüfen.

- Der Patient muss in der Lage sein, auf allen vier Beinen zu stehen.
- Bei Verlagerung des Tieres nach vorne, hinten oder zur Seite muss eine spontane Korrektur erfolgen.
- Überkreuzte Vorder- und Hinterpfoten müssen nach kurzer Zeit wieder normal gestellt werden.
- Wird der Patient gegen eine Kante oder Stufe geführt, muss ein sofortiger Stellreflex ausgelöst werden.
- Das Anheben der Vorder- oder Hinterbeine (Schubkarre) in Kombination mit einer Richtungsänderung sollte ebenfalls spontan ausgeglichen werden.

- Ein Lichtreiz auf die Pupille muss zur sofortigen Verkleinerung beider Pupillen führen.
- Das Betasten der Lidränder sollte zum Lidschluss führen.
- Das Betasten der Analregion führt zur Ausübung des Analreflexes.
- Ein Schlag auf das gerade Kniescheibenband führt zum Streckreflex des Unterschenkels.

DAS DARF IN EINER ERSTE-HILFE-AUSRÜSTUNG NICHT FEHLEN

- *Verbandswatte*
- *fusselfreie Wundabdeckung (Mullkompressen)*
- *Polsterwatte*
- *elastische Binde (alternativ dazu Mullbinde)*
- *Tape- oder Pflasterverband*
- *Schere und Pinzette*
- *Wundsalbe (s. Seite 49, Reiseapotheke)*
- *antibiotikahaltige Augensalbe/Augentropfen oder Tränenersatzflüssigkeit (ohne vorherige Untersuchung der Augen durch einen Tierarzt keine cortisonhaltigen Präparate anwenden!)*
- *blutstillende Lösung (Eisenchloridlösung)*
- *evtl. einige Kanülen, um kleinere Fremdkörper oder Reste von Zecken o. ä. aus den Ballen der Pfote sowie der Haut zu entfernen*
- *evtl. Hundeschuh, um einen Verband zusätzlich zu schützen*

Der Schock

Vor allem im Zusammenhang mit Unfällen wird immer wieder häufig von Schock gesprochen, doch die wenigsten Menschen wissen, was sich eigentlich dahinter verbirgt.

Sauerstoffunterversorgung

Rein medizinisch ist ein Schock keine Erkrankung, sondern ein Syndrom, das heißt ein Krankheitsbild mit mehreren Symptomen, bei dem das Gewebe plötzlich nicht mehr ausreichend durchblutet und deshalb nicht ausreichend versorgt wird. Es kommt zu einem Missverhältnis zwischen Sauerstoffangebot und Sauerstoffbedarf. Die Folgen sind Blutleere, Sauerstoffmangel und Übersäuerung (die Entstehung saurer Stoffwechselprodukte, z. B. von Milchsäure) in den entsprechenden Geweben, was dazu führen kann, dass einzelne Funktionen nicht mehr ausgeführt werden sowie Veränderungen im gesamten Organismus auftreten.

Die Symptome bei leichten Schockformen sind blasse Schleimhäute, kleiner, gut fühlbarer Puls, abgesunkene Körpertemperatur, Anstieg der Atemfrequenz sowie eine kapilläre Füllungszeit (KFZ) über 2 Sekunden, das heißt, nach einer vorübergehenden Blutleere füllen sich die kleineren Blutgefäße (z. B. an der Schleimhaut der Lippen) erst wieder nach mehr als 2 Sekunden.

Bei schweren Schockformen kommen zusätzlich Schwäche, Benommenheit, stark erhöhte Atem- und Herzfrequenz, pochender Puls sowie weiter abgesunkene Körpertemperatur dazu.

Ursachen

Die Ursachen für einen Schock können sehr vielfältig sein, wobei letztlich alle zum Volumenmangelkollaps führen. Zur Unterversorgung kommt es jedoch nicht nur durch die Abnahme der zirkulierenden Blutmenge durch Blutverlust (z. B. bei einem Unfall), sondern auch durch extreme Wasser- und Flüssigkeitsverluste (Erbrechen und Durchfall) sowie bei schweren Verbrennungen.

Drei Phasen

Der Schock verläuft in drei Phasen. Beim ersten Stadium liegt eine auslösende Schockursache vor, das heißt, es kommt zu einem Blut- oder Flüssigkeitsmangel. Dementsprechend sinken auch die Herzpumpleistung sowie die Spannung (Tonus) der Blutgefäße. Es fließt weniger Blut zum Herzen zurück, der Blutdruck fällt insgesamt ab. Daraufhin wird eine Gegenregulation ausgelöst: Am Rand gelegene Gefäße werden verengt (z. B. aus dem Magen-Darm-Bereich), um mit den dadurch entstehenden Blutreserven den Kreislauf zu stabilisieren.

Reichen diese Mechanismen als Gegenreaktion nicht aus und bleibt die auslösende Ursache weiter bestehen, folgt das zweite Stadium (verstärkte Gegenregulation): Herz- und Atemfrequenz steigen, um schneller Blut und damit Sauerstoff zur Verfügung zu stellen. Zusätzlich wird die Durchblutung von Haut, Muskulatur, Nieren, Magen und Darmkanal zugunsten der lebenswichtigen Organe Herz, Hirn, Lunge und Nebennieren verringert. Man bezeichnet das als Umverteilung oder Zentralisation des Kreislaufs. Werden die Organe über einen längeren Zeitraum nur unzureichend versorgt, so kann dies zu funktionellen und strukturellen Veränderungen führen, das heißt zu fortschreitenden und schweren Organschädigungen.

Führen all diese Mechanismen nicht zur Erholung, folgt das dritte Stadium des Schocks (endgültiger Funktionsausfall): Die Mechanismen der Gegenregulation erschöpfen sich, die Zentralisation des Kreislaufs kann nicht länger aufrechterhalten werden. Es kommt zur kompletten Herz-Kreislaufinsuffizienz, bei der alle Gefäße erweitert werden, damit zum Blutdruckabfall, zu weiterer Sauerstoffunterversorgung, zur massiven Übersäuerung und letztlich zum Tod.

Während das erste und das zweite Stadium noch behandelt werden können, gibt es beim dritten Stadium keine Möglichkeit der therapeutischen Beeinflussung mehr.

Biss- und Krallenverletzungen

Kleinere Verletzungen der obersten Hautschicht (ohne klaffende Wunde), Schürfstellen o. ä. können bei Hunden immer wieder vorkommen. Grundsätzlich sollten diese »Wunden« immer nur mit klarem Wasser gereinigt, anschließend mit einer Wundsalbe abgedeckt und, wenn möglich, zusätzlich mit einem Verband vor weiterer Verschmutzung geschützt werden.

Sehr tückisch sind Bisse von Hunden und Katzen, denn die langen und spitzen Eckzähne hinterlassen beim Beißen eine tiefe Verletzung, die sich an der Hautoberfläche schnell wieder schließt. Da an den Zähnen jedoch häufig Keime haften, die sich in der Wunde vermehren, bilden sich innerhalb von 1–4 Tagen stark entzündliche, schmerzhafte sowie eitrige Schwellungen, die vom Tierarzt behandelt werden müssen.

Frische Bisswunden sind deshalb – auch wenn es auf den ersten Blick nicht unbedingt erforderlich zu sein scheint – am besten am gleichen Tag noch mit Antibiotika zu behandeln. Ansonsten besteht die Gefahr einer sich weiter ausbreitenden Wundinfektion.

Krallenverletzungen, die häufig bei Hunden auftauchen, scheinen dem Besitzer meist problematischer, als sie in Wirklichkeit sind. Im Allgemeinen kommt es zu etwas stärkeren Blutungen, vor allem wenn das Krallenhorn (vergleichbar unserem Fingernagel) vollständig abgerissen oder abgeknickt ist. In letzterem Fall können Sie die Krallenhornreste mit einem kleinen Scherenschlag leicht entfernen. Anschließend geben Sie etwas Wundsalbe auf das freiliegende Krallenbein und verbinden die Pfote.

Falls Sie beim regelmäßigen Kürzen der Krallen das so genannte Leben der Kralle erreicht haben und es zu Blutungen kommt, können Sie ebenso verfahren.

Verbrennungen und Verbrühungen

Verbrennungen oder Verbrühungen kommen heutzutage nur selten vor. Gefahr geht von heißen Herdplatten, brennenden Kerzen, Heizstrahlern oder heißen Suppentöpfen aus, um nur einige Beispiele zu nennen. Grundsätzlich sollten verbrannte oder verbrühte Hautstellen – nach der Reinigung mit klarem Wasser – auch mit kaltem, klarem Wasser gekühlt werden. Decken Sie die Stellen anschließend mit fusselfreiem Material ab (z. B. Handtuch, Taschentuch, Kompresse).

Geben Sie nie irgendwelche Salben, Puder o. ä. auf die Wundfläche. Sie erschweren die Arbeit Ihres Tierarztes bzw. Sie verhindern dadurch den meist komplikationslosen Heilungsverlauf, da sämtliche Salben oder Puder von Ihrem Tierarzt sehr mühsam entfernt werden müssen.

Die Heilung bei Verbrennungen und Verbrühungen hängt stark ab von der Größe der Wundfläche, von der verletzten Körperstelle sowie vom schnellen und gezielten Eingreifen durch Sie als Besitzer und der anschließenden Behandlung durch den Arzt.

Hitzestau und Hitzschlag

Gerade in den Sommermonaten sind Haustiere der Gefahr einer Überhitzung ausgesetzt. Sei es, dass Hunde eine längere Zeit im geschlossenen Auto verbringen müssen, dass ausgedehnte Spaziergänge in der brütenden Mittagshitze unternommen werden oder dass sie mit ihren Herrchen den Sommerurlaub bei 40–50 Grad verbringen müssen.

Symptome einer beginnenden Überhitzung sind beschleunigte Atmung (Hecheln), beschleunigter Puls, erhöhte Temperatur, Speicheln, gerötetes Zahnfleisch sowie gerötete Bindehäute. In diesen Fällen muss das Tier sofort in eine kühlere Umgebung gebracht werden.

Kalte Wasserbäder oder Duschen (das gesamte Fell muss nass sein!) mit anschließender Lufttrocknung (mehrfach wiederholen) können lebensrettende Sofortmaßnahmen sein.

Achten Sie darauf, dass das Tier auch reichlich klares, kaltes Wasser trinkt. Sicherheitshalber sollten Sie einen Tierarzt aufsuchen.

WIE SIE EINEM HITZSCHLAG VORBEUGEN

- *Keine direkte Sonneneinstrahlung über einen langen Zeitraum bei womöglich unbeaufsichtigten Tieren*
- *Parken des Autos in Bereichen mit Schatten und mit geöffneter Fensterscheibe*
- *größere Belastungen sind auf die frühen Morgen- sowie Abendstunden zu verlegen (auch an herzkranke Hunde denken)*
- *ausreichend Flüssigkeitszufuhr*
- *ausreichend Schattenmöglichkeit für die Hunde im Sommer-(Sonnen-)Urlaub*
- *Hunde mit weißem Fell sind sonnenbrandgefährdet!*

Insektenstiche

Beim Spielen von Hunden kommt es in den Sommermonaten immer wieder zu unliebsamen Begegnungen mit stechenden Insekten (Wespen u. a.). Die Hauptgefahr bei einem Wespenstich ist eine akute allergische Reaktion. Vermehrtes Hecheln, Speicheln, akut auftretende Schwellungen an den Pfoten, Lefzen oder im Gesichtsbereich bis hin zur so genannten Nesselsucht (Urtikaria), bei der es zu klein- bis großflächigen Schwellungen auf der gesamten Körperoberfläche kommen kann, sind die Symptome. Gefährlich wird die Situation jedoch erst, wenn lebende Wespen verschluckt werden, da sie möglicherweise in den Zungengrund oder den Hals stechen. Die daraus entstehenden Schwellungen können den gesamten Kehlkopfbereich betreffen und zu starker Atemnot führen. Als Sofortmaßnahme gilt hier, was bereits zur Kontrolle der Atmung (s. Seite 54) gesagt wurde: Sie müssen dafür sorgen, dass die Atemwege freigelegt werden. Gelingt es Ihnen nicht, die Atmung durch Hervorziehen der Zunge nach dem Öffnen des Fangs zu ermöglichen, bleibt Ihnen nur die Möglichkeit der Mund-zu-Schnauze-Beatmung, und zwar so lange, bis der Tierarzt eintrifft. Dieser wird den Patienten mit einem schnell wirkenden Cortisonpräparat behandeln, um die Schwellung zurückzudrängen. Als Sofortmaßnahme ist es wichtig, dass Sie die betroffenen Körperteile kühlen. Nicht selten kommt aber jede Hilfe für den Patienten zu spät.

In Ausnahmefällen wird Ihnen Ihr Tierarzt eine mit entsprechenden Medikamenten vorbereitete Spritze überlassen, damit Sie in einer Notsituation selbst möglichst schnell eine Injektion geben können.

Vergiftungen

Mit dem Thema Vergiftungen ließen sich ganze Bücher füllen, daher möchte ich mich hier auf einige allgemeine Verhaltensregeln im Vergiftungsfall sowie exemplarisch auf die Cumarinvergiftung beschränken, also die typische Rattengiftvergiftung.

Gift durch die Beute

Hunde und Katzen sind in unterschiedlichem Maß durch Vergiftungen gefährdet. Während der Hund ganze Köder mit darin enthaltenem Gift frisst, wird die Katze meist kleinere Mengen an Gift aufnehmen, da sie unregelmäßiger und teilweise weniger frisst, aber wieder auf ihre Beute zurückkommt, wenn sie erneut Hunger hat. Hunde schlucken ihr Futter außerdem auf einmal, ohne großartig zu kauen, im Gegensatz zu Katzen, die einen anderen Geschmack sehr schnell heraus-schmecken und dann vom Futter ablassen. Allerdings sind Katzen aufgrund verschiedener Verhaltensmuster stärker gefährdet. So führen ihr ausgeprägter Jagdtrieb, ihre Neugier und vor allem das häufige Putzen leichter zu Vergiftungen als beim Hund.

Das Gift kann auf unterschiedliche Weise aufgenommen werden: durch Abschlucken oder Ablecken vom Fell (oral), durch bzw. über die Haut (perkutan) sowie über die Atemluft (aerogen). Manchmal sehen Sie als Besitzer, wie das Gift aufgenommen wird. In diesem Fall vergessen Sie bitte alle Ihnen bekannten Hausrezepte, das Tier zum Erbrechen zu bringen. Aus meiner Erfahrung kann ich sagen, dass damit zu viel wertvolle Zeit verloren geht. Sobald Sie eine mögliche Giftaufnahme bemerkt haben, sollten Sie stattdessen Ihren Hund ein-packen und zum nächsten Tierarzt bringen.

Das Tier muss innerhalb eines Zeitraums von 3 Stunden nach der Giftaufnahme die Nahrung erbrechen. Danach ist der Futterbrei in aller Regel schon im Darm-kanal angelangt.

Magenspülung

Wenn Sie wissen, welches Gift oder welche Giftart aufgenommen wurde, kann das Tier mit einer gezielten Entgiftungstherapie schnell behandelt werden. In allen anderen Fällen, und das ist leider die Regel, wird man eine symptomatische Behandlung durchführen müssen, bestehend aus Infusionen, Einläufen, Magenspülungen oder Verabreichung von Medikamenten, die die Nierentätigkeit steigern, die Leber schützen und die zum Erbrechen führen. Befindet sich das Gift auf dem Fell, wird das Haar geschoren und die Haut gewaschen und so vom Gift befreit.

Auf alle Fälle muss der Patient einige Tage tierärztlich überwacht werden, um Folgeschäden sofort erkennen und entsprechend therapieren zu können.

Rattengift

Eine Vergiftung, die bei uns häufig auftritt, wird durch Rattengift verursacht. Das Gift (meist Cumarin) befindet sich in so genannten Fraßködern oder Streupulvern. Es beeinflusst die Blutgerinnung in der Weise, dass die Gerinnungsfaktoren zwar produziert werden, aber funktionell nicht aktiv sind, das heißt, die Ratten und Mäuse verbluten innerlich.

Das Gleiche passiert nun Hunden, wobei eine Vergiftung durch die Aufnahme von vergifteten Beutetieren (so genannte Sekundärvergiftung) eher selten ist. Das Gift wird vom Körper der Ratten und Mäuse zu schnell aufgenommen und entfernt sich aus diesem wieder.

Ein wichtiger Punkt ist, wie schnell das Gift von Ihrem Tier aufgenommen wird.

Die einmalige Aufnahme einer größeren Giftmenge ist weniger gefährlich als die Aufnahme mehrerer kleiner Mengen.

Da die Gerinnungsfähigkeit des Blutes beeinflusst wird, kommt es zu spontan auftretenden und vermehrten Blutansammlungen in der Haut und der Unterhaut (Hämatome), Zahnfleisch- und Nasenbluten, blutigem Urin- und Kotabsatz, Blutungen in die Brust- und Bauchhöhle sowie Blutungen in sämtlichen Organen einschließlich des Zentralnervensystems. Die Folge: Das Tier verblutet qualvoll.

Nach der Aufnahme des Rattengifts wird Ihr Tierarzt versuchen, das Tier zum Erbrechen zu bringen, vorausgesetzt die Giftaufnahme liegt nicht länger als 3 Stunden zurück. Im nächsten Schritt legt er einen Venenkatheter, um Infusionen geben zu können: Vitamin K sowie Kortikosteroide, Antibiotika und Präparate, die die Nierentätigkeit anregen. Die Medikamente werden z. T. mehrmals täglich über einen Zeitraum von meist 2–3 Tagen verabreicht. Hat sich der Zustand normalisiert (weder Erbrechen noch Durchfall, keine weiteren Blutungen, guter Allgemeinzustand), kann die Behandlung mit Vitamin-K-Präparaten in Form von Tabletten für weitere 4–7 Tage fortgeführt werden, um auch Langzeitschäden durch lang wirkende Cumarinabkömmlinge möglichst gering zu halten. In den meisten Fällen, gerade bei Cumarinvergiftungen, sind die Aussichten auf eine erfolgreiche Therapie sehr günstig. Ist die Giftart allerdings nicht bekannt, besteht immer wieder ein Wettlauf mit dem Tod.

Erbrechen und Durchfall

Bei Erbrechen und Durchfall handelt es sich nicht um eigene Erkrankungen, sondern nur um Symptome, die bei einer Vielzahl von Erkrankungen auftreten können, so z. B. bei den meisten Infektionskrankheiten – verursacht durch Bakterien, Viren, Pilze oder Parasiten. Es sind jedoch ebenso Symptome für Stoffwechselstörungen, Erkrankungen von Leber, Nieren, Bauchspeicheldrüse, Schilddrüse, Nebenniere oder Hirnanhangdrüse (Hypophyse).

Auch die Aufnahme von Giftstoffen, bestimmten Arzneimitteln oder Fremdkörpern (Holz, Plastik u. a.) kann zu Durchfall und Erbrechen führen.

Die Liste wäre noch um ein Vielfaches zu erweitern, weshalb Sie den Symptomen vermehrte Aufmerksamkeit schenken sollten, auch wenn in der Regel eine harmlose Ursache zugrunde liegt. Ich möchte Ihnen daher ein grundsätzliches Behandlungsschema an die Hand geben, mit dem Sie in den meisten Fällen die Symptome unterdrücken können und dem nachbehandelnden Tierarzt die Therapie erleichtern.

Nahrungsentzug und regelmäßige Flüssigkeitszufuhr

Bei harmloserem Erbrechen oder Durchfall – das heißt, die Symptome treten akut auf, dauern nicht länger als einen Tag, in Urin oder Kot ist kein Blut und das Allgemeinbefinden ist nur wenig gestört – steht der Nahrungsentzug an erster Stelle der Behandlung.

Dadurch kommt der gesamte Magen-Darm-Kanal zur Ruhe und störende Einflüsse (z. B. verdorbenes Futter) werden aus dem Körper eliminiert. Anstelle des normalen Trinkwassers geben Sie Ihrem Tier abgekochtes Wasser oder ungesüßten schwarzen Tee, wobei es wichtig ist, dass der Patient häufig kleinere Mengen zu sich nimmt. Sowohl Erbrechen als auch Durchfall führen zu starken Flüssigkeitsverlusten, die durch vermehrten Durst wieder ausgeglichen werden sollen. Die Zufuhr von allzu großen Flüssigkeitsmengen führt jedoch zu weiterem Erbrechen.

Wenn Sie diese beiden Grundsätze befolgen, können Sie keinen Fehler machen. Möglicherweise sind die Beschwerden bereits innerhalb von 1–2 Tagen verschwunden.

Kohle wirkt zwar in einigen Fällen »entgiftend«, hat aber keinen Einfluss auf die Magen-Darm-Motorik, stoppt den Durchfall also nicht. Falls Sie in Ihrer Hausapotheke noch weitere Medikamente haben, die Sie vielleicht verabreichen möchten, bei denen Sie sich jedoch nicht ganz sicher sind, fragen Sie besser vorher Ihren Tierarzt.

Erste Nahrung

Die Nahrung nach dem Futterentzug sollte gut verdaulich sein, es bieten sich Reis, Quark, Hüttenkäse sowie Hühnerfleisch oder Lammfleisch (beides gekocht und ungewürzt) an. Dieses Futter kann über einen Zeitraum von 2–3 Tagen 3- bis 5-mal täglich gegeben und anschließend wieder durch das »normale« Futter ersetzt werden, vorausgesetzt die Erkrankung ist überstanden.

Leidet Ihr Haustier nach 1–2 Tagen immer noch an Erbrechen und/oder Durchfall, verstärken sich sogar die Symptome trotz der beschriebenen Behandlung oder treten weitere Verschlechterungen des Allgemeinbefindens auf, sollten Sie keine weitere Zeit verstreichen lassen und Ihren Tierarzt aufsuchen, um die Ursachen abzuklären und entsprechende Behandlungen einleiten zu können.

Magendrehung

Die Magendrehung ist ein Komplex aus Magenerweiterung (Dilatation), Magendrehung (Torsion) sowie Magenverschlingung (Volvulus) mit plötzlich auftretendem (perakutem) Verlauf. Sie stellt einen der gefürchtetsten Notfälle dar, der ohne sofortige Behandlung innerhalb weniger Stunden zum Tod des Hundes führen kann.

Vor allem sind davon Hunde großer Rassen betroffen, wobei mehrere Faktoren gleichzeitig zu einer Magendrehung führen. Eine Voraussetzung ist die einmalige und sehr reichliche Fütterung mit anschließender Flüssigkeitsaufnahme. Diese bewirkt eine Erweiterung des Magens, eine übermäßige Füllung sowie eine Störung der normalen Magenentleerung, wodurch sich Gärungsgase (Kohlendioxyd) vermehrt ansammeln können. Eine weitere Voraussetzung ist gegeben, wenn der Hund direkt nach dem Fressen einen starken Bewegungsdrang hat. Beide Komponenten sorgen dafür, dass der Magen überdehnt und durch die Bewegung in Rotation (Drehung) gelangt. Dadurch sind sowohl Mageneingang als auch -ausgang verschlossen, und die Milz, die in enger Nachbarschaft zum Magen liegt, wird zusätzlich verlagert.

Die Gasansammlung im Magen nimmt weiter zu und führt zu einem Zusammenpressen der großen Körpervene, die nicht mehr in der Lage ist, ausreichend Blut zum Herzen zurückzuführen. Das bedeutet, das Herzminutenvolumen sinkt, der Blutdruck fällt weiter ab, die so wichtige Sauerstoffversorgung nimmt ab. Alles zusammen endet schließlich im Kreislaufschock und Tod.

Die Symptome einer Magendrehung reichen von anfänglicher Unruhe und Würgen in Verbindung mit einer Aufblähung der linken Flankenseite (fühlt sich an wie eine Trommel) über vermehrtes Hecheln, ansteigende Herzfrequenz und blasse Schleimhäute bis hin zu Kreislaufschwäche, Taumeln, Zusammenbruch und schließlich Tod des Tieres.

Die rechtzeitige Diagnose ist aufgrund der Vorgeschichte (Anamnese) auch von Ihnen relativ einfach zu stellen, so dass mit der wichtigen und lebensrettenden sofortigen Behandlung begonnen werden kann.

Der Tierarzt wird einen venösen Zugang legen, den Schock sowie die häufig auftretenden Herzrhythmusstörungen medikamentös behandeln, wird versuchen, eine Magensonde zu legen, evtl. auch am unsedierten Hund, um die übermäßige Gasansammlung und auch den flüssigen Nahrungsbrei aus dem Magen zu entleeren. Mit viel Glück erreicht man mit diesen Maßnahmen eine Druckentlastung (Dekompression) des Magens, um nun in einem zweiten Schritt operativ den Magen in seine normal physiologisch-anatomische Lage zurückzudrehen.

In dieser Position wird der Magen auch an der inneren Bauchwand befestigt, um eine erneute Drehung zu verhindern. Die meisten Tierärzte empfehlen, die Milz bei diesem Eingriff zu entfernen.

Der Patient steht natürlich in den ersten Tagen nach der Operation unter ständiger ärztlicher Kontrolle (EKG, medikamentöse Behandlung). Jedoch bietet auch die beste Kontrolle und Überwachung sowie eine sehr gute Aufklärung keinen 100-prozentigen Schutz vor dem erneuten Auftreten einer Magendrehung. Trotzdem möchte ich an dieser Stelle darauf hinweisen, dass die verbesserte Aufklärung der Besitzer in den letzten Jahren dazu geführt hat, dass die Fälle einer Magendrehung deutlich abgenommen haben. Grund dafür ist sicherlich eine gute Prophylaxe, die folgende Punkte beinhalten sollte:

- große Hunderassen zwei- bis dreimal täglich füttern
- nach der Fütterung keine ausgiebigen Tobereien, das heißt 2–3 Stunden Ruhe
- keine großen Flüssigkeitsmengen direkt im Anschluss an die Fütterung geben

Werden diese Punkte berücksichtigt, bin ich überzeugt davon, dass auch in Zukunft Magendrehungen weiter zurückgehen werden.

Fremdkörper

Ein wichtiges Thema bei der Behandlung von Hunden sind immer wieder Fremdkörper. Im Gegensatz zu Katzen ist der Spieltrieb bei Hunden im Allgemeinen nicht so ausgeprägt. Das bedeutet aber nicht, dass es gerade bei Jungtieren nicht auch zum Schlucken von Fremdkörpern kommt (über Sinn und Unsinn von Spielzeug habe ich mich bereits an anderer Stelle geäußert).

Wenn man eine Sammlung von Fremdkörpern aufstellen würde, reicht die Liste von Steinen, Bällen, Gummitieren, Holzspielzeug, Angelhaken und Schnüren, Handtüchern und anderen Textilien bis hin zu Plastikhüllen von Käse- und Wurstwaren mit anhängenden Metallverschlüssen. Die Fremdkörper werden geschluckt und die normale Magen- und Darmbewegung (Peristaltik) sollte dafür sorgen, dieses Fremdmaterial auf dem natürlichen Wege wieder auszuscheiden. Nun ist es aber häufig so, dass ein Fremdkörper so groß ist, dass jede neue Darmbewegung dazu führt, dass das Fremdmaterial die Innenauskleidung des Darmes einschneidet und der Darm sich über diesem Fremdkörper wie eine zweite Haut anpasst. In der Folge kann es zu massivsten Verletzungen bis hin zu Darmdrehungen oder Darmeinschiebungen sowie Darmperforationen kommen.

Die Symptome reichen von anfänglichem Erbrechen und Kotabsatzproblemen bis hin zu hochgradigen Darmkoliken. Die Tiere ziehen sich zurück, verweigern das Futter, haben Schmerzen und laufen mit aufgekrümmtem Rücken umher. Hier ist schnelle Hilfe erforderlich. Der Tierarzt wird nach gründlicher Diagnose versuchen, den Fremdkörper operativ aus dem Darm zu entfernen, wobei es vorkommen kann, dass der Darm an mehreren Stellen eröffnet werden muss. Nach einer solchen Operation müssen die Hunde in der Regel drei Tage durch Tropfinfusionen versorgt werden, da Futter und Wasser in dieser Zeit nicht verabreicht werden darf, um die sehr feinen Darmnähte zu schonen.

Ich glaube, es gibt nichts, was nicht versehentlich von unseren Vierbeinern verschluckt werden kann (ein großes Problem stellen hier natürlich auch Giftköder dar, s. Seite 76). Prozentual am häufigsten kommen jedoch in der täglichen Praxis Verletzungen durch das so genannte Stöckchen-Spiel vor. Die Vorgeschichte hierzu ist fast immer gleich. Der Hund ist vernarrt in den Stock und liebt es, diesen so oft wie möglich dem Herrchen oder Frauchen wieder zurückzubringen. Dieser Übermut führt dazu, dass der Hund dem sich noch in der Luft befindlichen Stock hinterher hechtet. Der Stock wirbelt auf dem Boden hin und her, der Hund versucht den Stock mit dem Fang aufzunehmen, und eine Verletzung ist vorprogrammiert.

Es kommt zu Zusammenhangstrennungen im Unterzungenbereich, zum Einreißen der Schleimhaut im Bereich der Mandeln (Tonsillen) oder gar zu massiven Verletzungen der Luft- oder Speiseröhre. Auch ein Aufspießen im Bereich seitlich des Halses und des Vorderbrustbereichs ist keine Seltenheit *(siehe Bild 26)*. In diesem Fall ist unbedingt die Hilfe eines Tierarztes erforderlich. Das Fremdmaterial muss entfernt werden, die Wundhöhlen müssen sauber ausgespült werden, um auch kleinste Reste zu entfernen, da diese in den folgenden Tagen Ursache für Fisteln sein können (kleine Öffnungen in der Haut, die sich bis zum Fremdkörper hinziehen, da der Körper versucht, das Fremdmaterial abzustoßen). In aller Regel verlaufen diese Stockverletzungen ziemlich glimpflich, das heißt, nach Entfernen des Fremdkörpers und Säubern der Wunde und einer antibiotischen Behandlung heilen die entstandenen Wunden innerhalb von einigen Tagen problemlos ab.

Ein harmloses, nicht aber selten vorkommendes Problem entsteht beim Kauen oder Zerbeißen von

Zweigen, Ästen o. ä. Kleine Astteile verhaken sich dabei zwischen den beiden Oberkieferreißzähnen. Der Hund versucht nun mit der Zunge oder seinen Vorderpfoten den Fremdkörper zu entfernen. Dieses Bemühen ist sehr heftig und wirkt auf den Besitzer durchaus dramatisch. Starkes Speicheln und Kopfschütteln des Hundes in Verbindung mit den vehementen Bemühungen, den Fremdkörper aus dem Maul zu entfernen, erwecken den Eindruck eines sehr kritischen Gesundheitszustandes. Nicht selten reagieren die Besitzer panisch. Ich kann Sie an dieser Stelle jedoch beruhigen, meist sieht es schlimmer aus, als es in Wirklichkeit ist. Nach Entfernen des verkeilten Astes reagiert der Hund wieder völlig normal und möchte am liebsten schon den nächsten Stock zerbeißen.

Ein ebenfalls häufig auftretendes Problem durch Fremdkörper entsteht durch das Einwandern von Grasgrannen oder Gräserähren. Die Hunde laufen über Wiesen und Felder, dabei verhaken sich diese kleinen Grannen in dem Fellsaum zwischen den Zehen. Das bleibt meist unbemerkt. Jede weitere Bewegung sorgt nun dafür, dass die Grannen in den Zwischenzehenraum einwandern, die Haut reizen und sich Fisteln bilden. Ihnen als Besitzer fällt nur auf, dass sich der Hund verhältnismäßig häufig an der entsprechenden Pfote leckt, eventuell lahmt er auch auf einem Bein. Bei genauem Hinsehen entdeckt man dann eine kleine haarlose, geschwollene und entzündete Hautstelle – Grund für Sie, den Tierarzt aufzusuchen. Dieser wird versuchen, durch einen so genannten Zugsalbenverband den Prozess zu aktivieren, um dann nach einigen Tagen den reifen Abszess zu spalten und den Fremdkörper zu entfernen. Es kann aber durchaus passieren, dass die Grannen unbemerkt bleiben, unter der Haut weiter wandern und erst nach Wochen an irgendeiner Stelle an der Gliedmaße zum Vorschein kommen. Mein Rat an dieser Stelle: Sie sollten nach jedem Spaziergang die Pfoten Ihres Hundes auf entsprechende Fremdkörper hin untersuchen und hier speziell auf den Bereich zwischen den Zehen achten.

Eine weitere beliebte Stelle für das Vorkommen von Grasgrannen sind die Ohren des Hundes. Denken Sie an die unterschiedlichen Formen (Stehohren, Schlappohren). Hier wandern die Fremdkörper in Richtung Trommelfell; sie können dieses sogar durchspießen und somit in das Innenohr gelangen.

Seltener gelangen die Grannen auch hinter das dritte Augenlid des Hundes, was natürlich zu schwerwiegenden Entzündungen oder Verletzungen von Bindehaut und Hornhaut führen kann.

In allen beschriebenen Fällen ist schnelle Hilfe gefordert, um gravierende Folgeprobleme zu vermeiden.

Kurios und selten ist folgender Fall: Der Hund kommt in die Praxis und hat einen Markknochen gefressen. Der Innenraum dieses Knochens ist so groß, dass er über die beiden Unterkiefereckzähne hinweggerutscht ist und nun den Unterkiefer umschließt. Hierbei kann es auch passieren, dass die Zunge mit einbezogen ist. In der Regel lässt sich der Knochen wieder entfernen, es bedarf in einigen Fällen aber einer Narkose, um Verletzungen der Zähne, des Zahnfleischs sowie der Zunge beurteilen und gegebenenfalls gleich entsprechend behandeln zu können.

Sicherlich gibt es keinen 100-prozentigen Schutz gegen ein Verschlucken von Fremdkörpern durch Ihren Hund. Sie als Besitzer sollten jedoch bei der Auswahl des Spielzeuges Wert darauf legen, dass die Verletzungsgefahr so gering wie möglich ist.

Krankheiten

Die wichtigsten Infektionskrankheiten

Jeden Tag erlebe ich in der Praxis folgende Situation: »Meinem Hund geht es gut, ich wollte ihn nur impfen lassen, Sie wissen schon, die jährliche Fünffach- oder Sechsfachimpfung.« Wenn ich dann nachfrage, um welche Impfung es sich handelt, kann mir nur ein Bruchteil der Hundebesitzer eine Antwort geben. Aus diesem Grund möchte ich hier auf die wichtigsten Infektionskrankheiten eingehen. Dabei sollen die Symptome im Vordergrund stehen, auf Diagnostik und Behandlung werde ich nur am Rande hinweisen.

Bei allen aufgeführten Erkrankungen können Allgemeinsymptome wie Erbrechen, Durchfall, Abmagerung, Mattigkeit, Futterverweigerung und Fieber auftreten.

Hier zeigt sich erneut, dass Erbrechen und Durchfall nur Symptome sind und keine Erkrankungen (s. Seite 80).

Hundestaupe (Carre'sche Krankheit)

Die Staupe ist eine weltweit verbreitete Viruserkrankung bei Hunden und anderen Fleischfressern. Sie ist hoch ansteckend. Das Virus – verwandt mit dem Masernvirus – wird über Sekrete und Exkrete ausgeschieden und oral oder über Tröpfcheninfektion übertragen.

Nach einer Inkubationszeit von ca. 7 Tagen, in der sich das Virus zunächst im Hals-Rachen-Bereich vermehrt, greift es auf andere Organe über. Je nach Immunantwort des Hundes, das heißt nach seiner Antikörperentwicklung, sind die Symptome mehr oder weniger heftig, wobei die Schwere der Erkrankung durch zusätzliche bakterielle Erreger und weitere Viren beeinflusst wird.

In aller Regel treten während der ersten Woche Fieberschübe auf, gefolgt von den klassischen Symptomen wie Erbrechen, Durchfall, Abmagerung und Zahnschmelzdefekte (Staupegebiss) bei der Magen- und Darmform der Staupe. Entzündungen der Nasenschleimhäute, der Bindehäute sowie Lungenentzündung mit trockenem Husten, der durch Sekundärerreger auch feucht werden kann, Atemnot sowie Entzündungen der Hornhaut am Auge begleiten die Staupeform der oberen Atemwege. Im weiteren Verlauf können nervöse Symptome wie Lahmheit, Lähmungen, Manegebewegungen, Bewegungsstörungen, epileptiforme Anfälle sowie Tics (Muskelzittern kleiner Muskelpartien) durch Beteiligung des Zentralnervensystems auftreten. Eine übermäßige Verhärtung des Nasenspiegels und der Fußballen, die so genannte Hartballenform der Staupe, kommt seltener vor. Sämtliche Symptome können und werden durch Sekundärerreger (Bakterien und Viren) verstärkt und verschlechtern damit die Prognose hinsichtlich einer komplikationslosen Heilung.

Eine Staupeinfektion ist schwierig zu diagnostizieren. Leider breitet sich diese Erkrankung wieder verstärkt aus, wie auch der Infektionsdruck allgemein durch Massenimporte von Hunden aus Drittländern steigt. Die oben beschriebenen Symptome kannte ich lange nur aus dem Studium, ich habe sie in den letzten Jahren jedoch in aller Ausführlichkeit und jeder Einzelheit bei meinen Patienten gesehen.

Die Behandlung stützt sich im Allgemeinen auf eine symptomatische Therapie mit Antibiotika sowie Elektrolytinfusionen in Verbindung mit Vitaminen. Prophylaktisch sollten alle Hunde nach einer zweimaligen Grundimmunisierung einmal jährlich geimpft werden (siehe Impfschema, Seite 104).

Ansteckende Leberentzündung oder Rubarth'sche Krankheit (Hepatitis contagiosa canis, HCC)

Auch das Virus, das die ansteckende Leberentzündung verursacht, ist weltweit verbreitet; aufgrund der Impfprophylaxe tritt diese Infektion jedoch nur noch selten auf. Das Virus wird vorwiegend oral aufgenommen und vermehrt sich in den Mandeln (Tonsillen). Nach einer Inkubationszeit von etwa 5 Tagen kommt es zur Organbesiedelung (Leber, Nieren, Augen u. a.). Zum gleichen Zeitpunkt wird das Virus bereits über Kot, Harn und Speichel ausgeschieden. Je nach Alter des Hundes, seiner Immunantwort und der Dauer der Erkrankung variieren die Symptome von Blutungen im Bereich von Haut, Augen und Körperhöhlen bis hin zu chronischen Leber- und Nierenveränderungen. Im schlimmsten Fall kann die Krankheit sogar zum Tod führen. Chronische Verlaufsformen heilen manchmal auch symptomlos ab. Die Blutungen sind auf Veränderungen in der Leber zurückzuführen, wo u. a. die Blutgerinnungsfaktoren gebildet werden.

Die Diagnose gelingt am besten über den Virusnachweis aus dem Urin. Bis zu neun Monate nach der Infektion kann das Virus noch ausgeschieden werden. Wie bereits bei der Staupe senken eine zweimalige Grundimmunisierung sowie eine jährliche Wiederauffrischung das Risiko einer Infektion (siehe Impfschema, Seite 104).

Hundeseuche (Parvovirose des Hundes)

Dieses kleine Virus wurde 1978 erstmals in Europa nachgewiesen. Das canine (Hunde-)Parvovirus unterscheidet sich nur geringfügig vom felinen (Katzen-) Parvovirus, eine Ansteckung von Hund auf Katze und umgekehrt findet aber nicht statt.

Ist das Virus erst einmal im Körper, so vermehrt es sich nur in Zellkernen, die sich schnell bzw. häufig teilen (Darmgewebe, embryonales Gewebe, Herzmuskulatur

1 Der Verband sollte immer aus einer fusselfreien Wundabdeckung (z.B. Kompresse oder Tupfer), Polsterwatte, einer elastischen Binde und Pflaster oder Tapeverband bestehen.

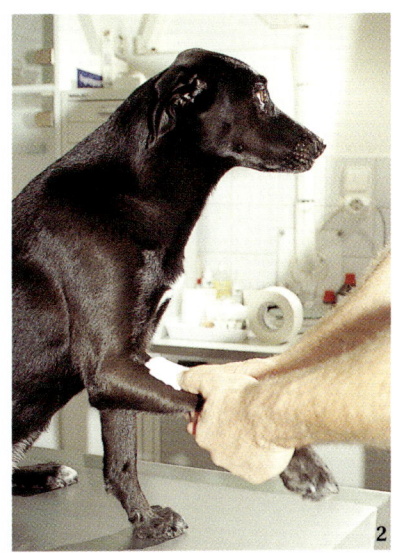

2 Bei einem Druckverband wird die Kompresse fest auf die Wunde gedrückt, um die Blutung zu stoppen.

3 Mit einer elastischen Binde wird die Abdeckung befestigt. Der Verband sollte nur bis zum Arztbesuch auf der Wunde bleiben.

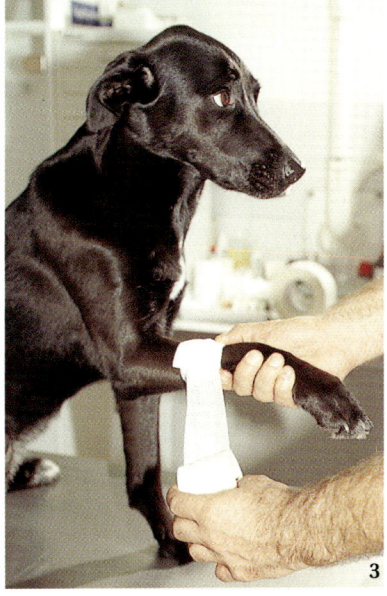

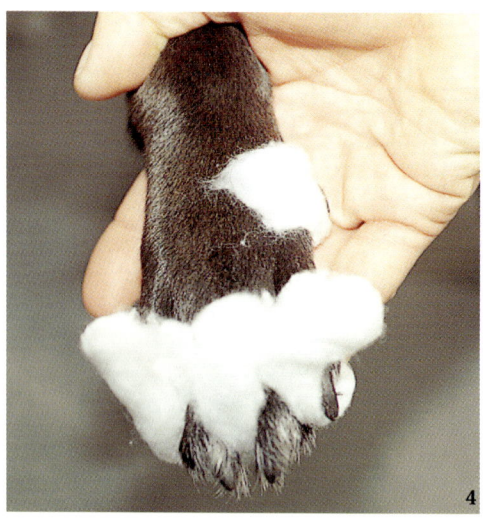

4   Beim Pfotenverband ist das Abpolstern der Zwischenzehenbereiche besonders wichtig, da sich leicht Druckstellen zwischen den einzelnen Zehen bilden.

5   Zum besseren Schutz wird die Pfote mit Watte und einer elastischen Binde umwickelt.

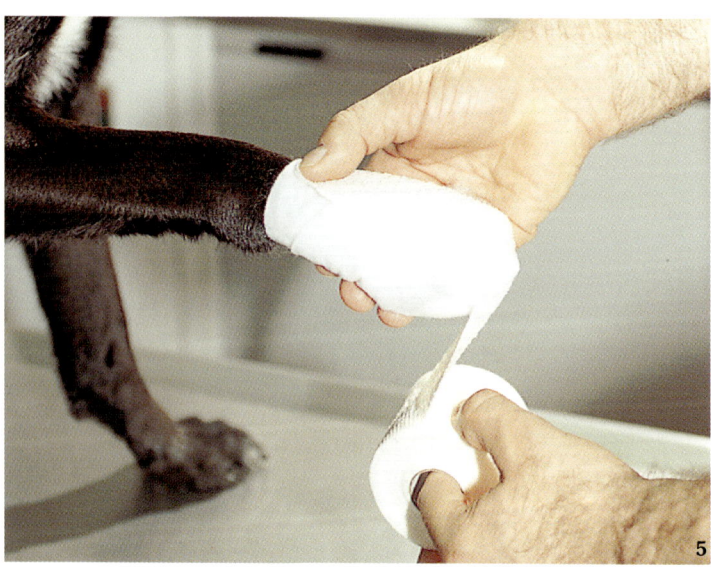

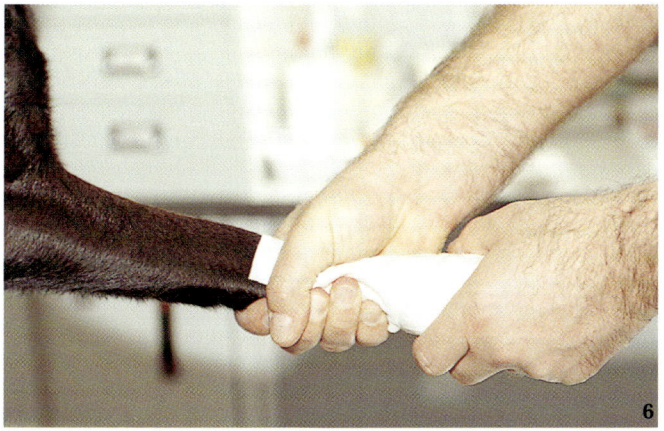

6   Der abschließende Tapeverband wird zunächst locker auf das Fell gelegt und muss anschließend fest angedrückt werden.

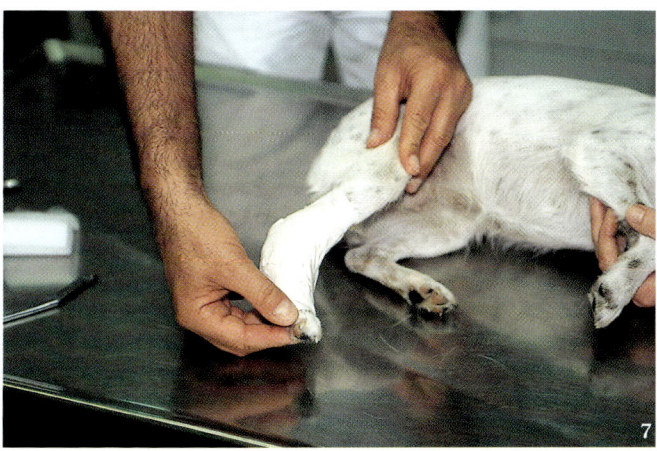

7   Befindet sich die Wunde an einem Gelenk, achten Sie darauf, dass der Verband das Tier so wenig wie möglich einschränkt. Das Bein muss in seiner natürlichen Stellung verbunden werden.

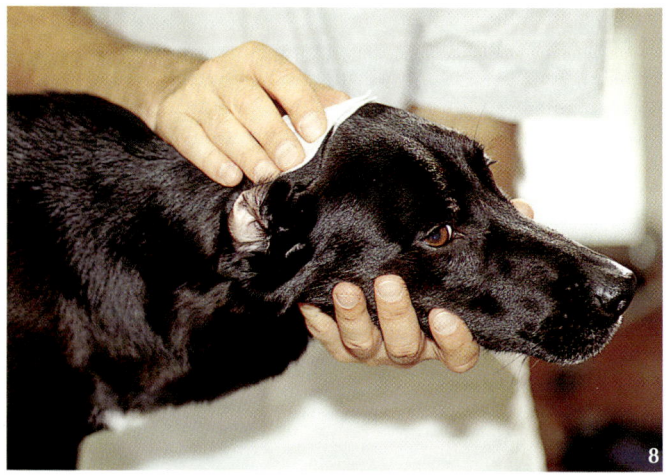

8   Beim Kopfverband muss als Erstes die Wunde mit einer Kompresse abgedeckt werden. Halten Sie das Ohr dazu an den Kopf.

9   In den Verband darf nur das verletzte Ohr einbezogen werden, das zweite Ohr sollte frei bleiben.

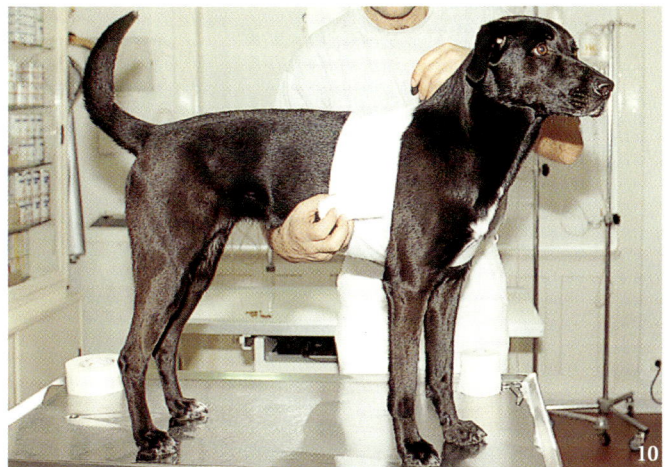

10 Beim Brust- oder Bauchverband wird zunächst die Wunde abgedeckt und der Brustkorb anschließend mit einer elastischen Binde
umwickelt.

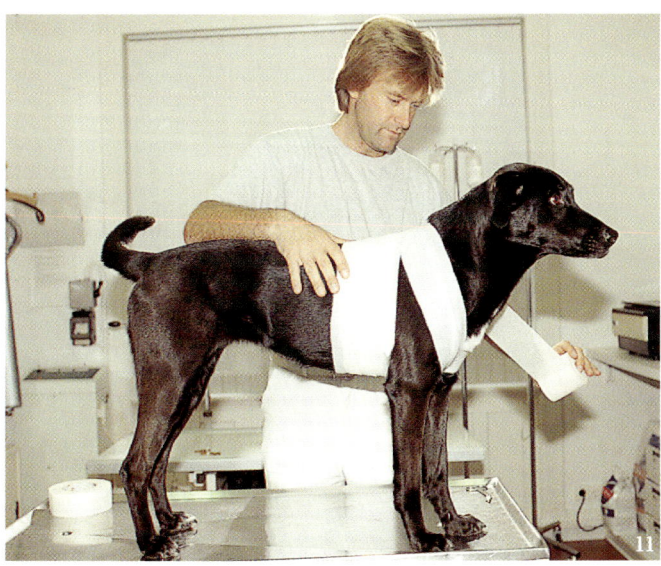

11 Der Verband wird in Achtern gelegt und bezieht die Schultern mit
ein, damit er nicht verrutschen kann.

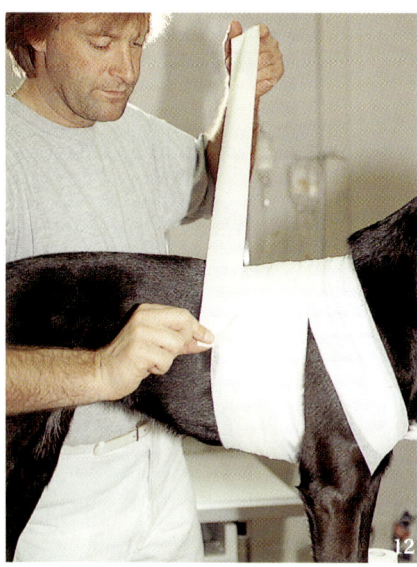

12 Der Tapeverband wird je zur Hälfte auf das Fell und auf den Verband gelegt und anschließend festgedrückt.

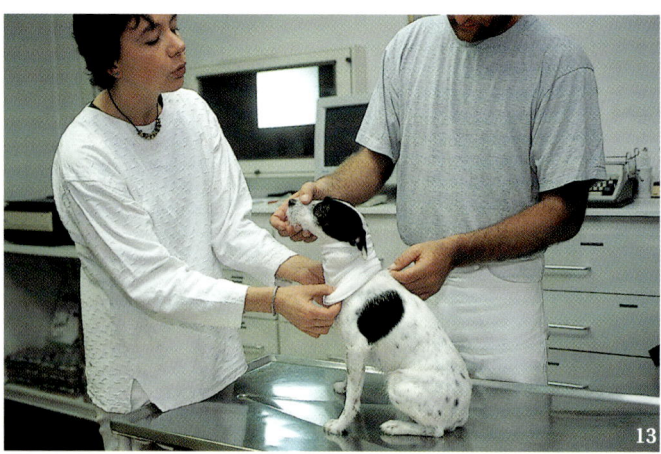

13 Beim Stülpa-Verband wird ein Verbandsschlauch über den Körper gezogen, um eine Wundabdeckung im Brust- und Bauchbereich zu fixieren.

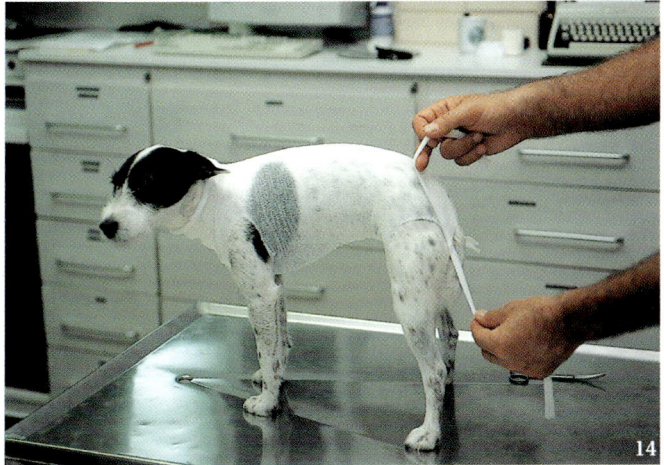

14   Der Stülpa-Verband wird am hinteren Ende in vier Streifen geschnitten, die man rechts und links neben dem Rutenansatz verknotet.

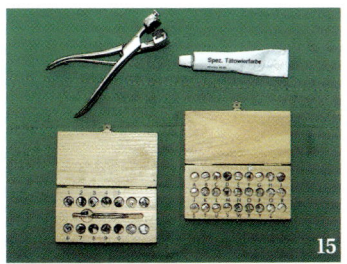

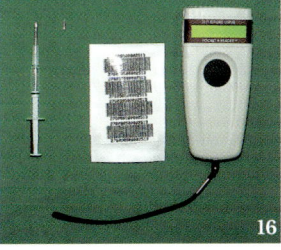

15   Mit einer Zange werden bei der herkömmlichen Tätowierung Buchstaben und Zahlen unter Vollnarkose in die Haut des Tieres gestanzt und anschließend gefärbt.

16   Bei der elektronischen Markierung wird mit einer Injektionsnadel ein Mikrochip unter die Haut gebracht. Das Tier kann dann mit einem Lesegerät über die gespeicherte Kennzeichnung identifiziert werden.

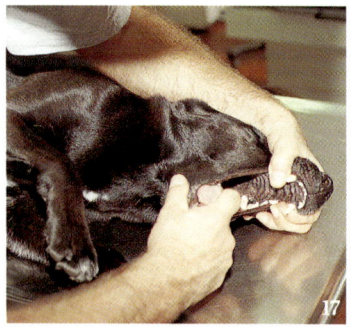

17 Wenn das Tier nicht mehr atmet, öffnen Sie den Fang und ziehen Sie die Zunge nach vorne.

18 Bei einer Mund-zu-Schnauze-Beatmung legen Sie ein Taschentuch vor Ihren Mund und beatmen das Tier durch dessen Nase.

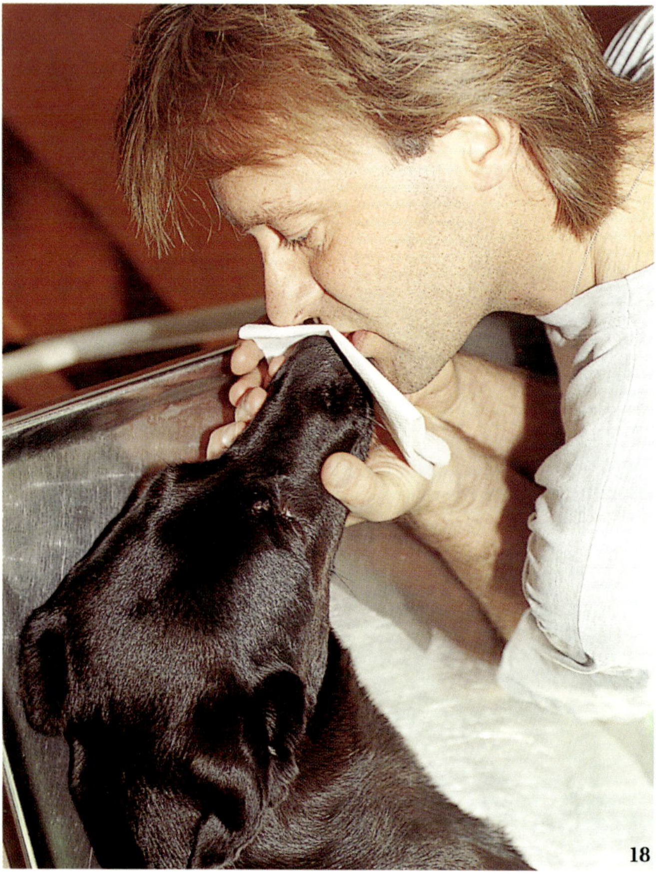

18

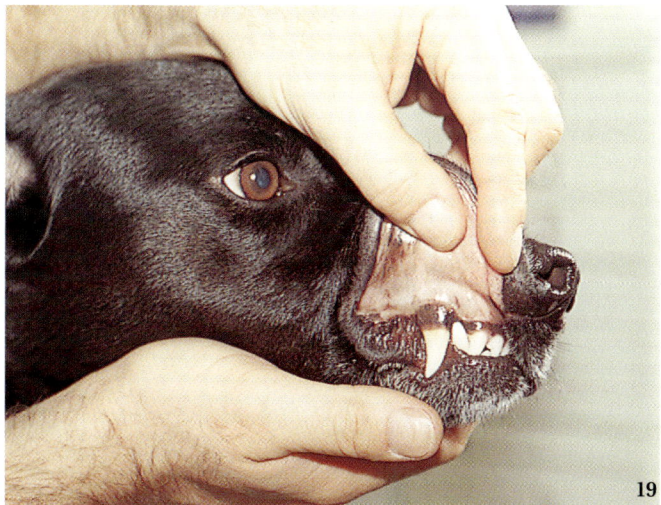

19　Um die Durchblutung zu überprüfen, drücken Sie mit dem Finger gegen die Schleimhäute an den Lippen und führen so eine vorübergehende Blutleere herbei. Die Schleimhäute sollten innerhalb von zwei Sekunden nach dem Druck wieder ihre normale Farbe haben.

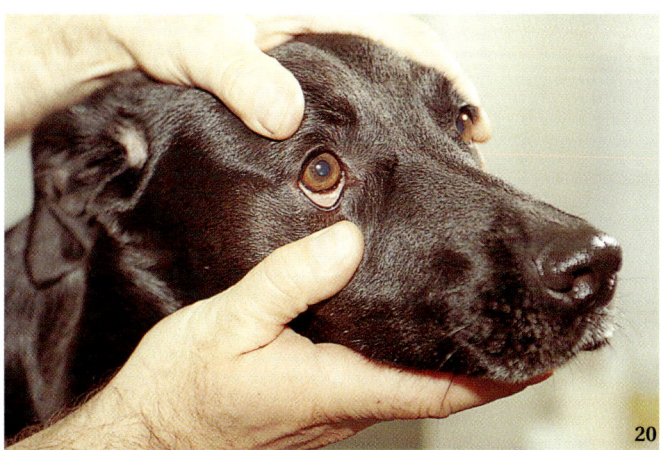

20　Die Farbe der Schleimhäute sagt etwas über Herz, Kreislauf und Stoffwechsel aus. Am leichtesten überprüfen Sie die Bindehaut am Auge, die bei einem gesunden Tier blassrosa ist.

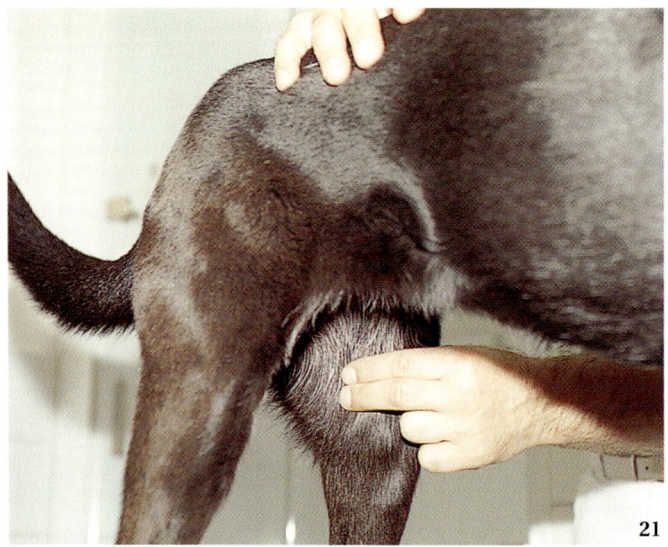

21

21   Auf der Innenseite des Oberschenkels lässt sich der Puls gut
messen.

22   Kneifen Sie das Tier an den Zehen, um seine Reaktion zu
überprüfen.

23   Zeigt es eine deutliche Reaktion, z. B. indem es den Kopf hebt,
wurde der Reiz an das Gehirn weitergegeben – ein positives Zeichen.

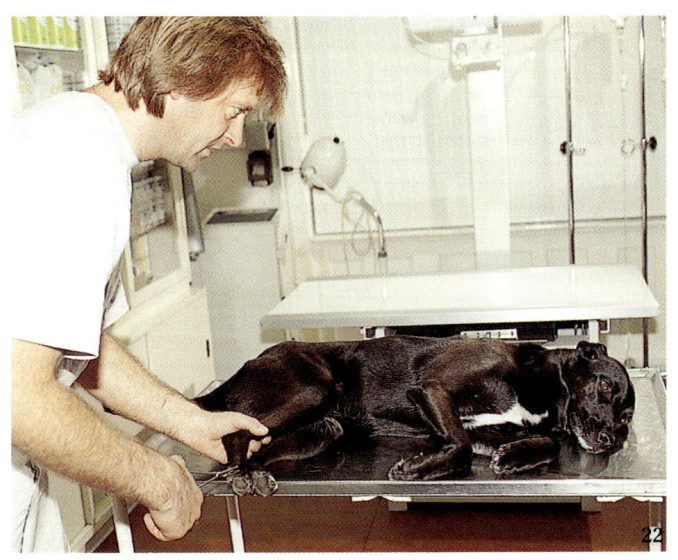

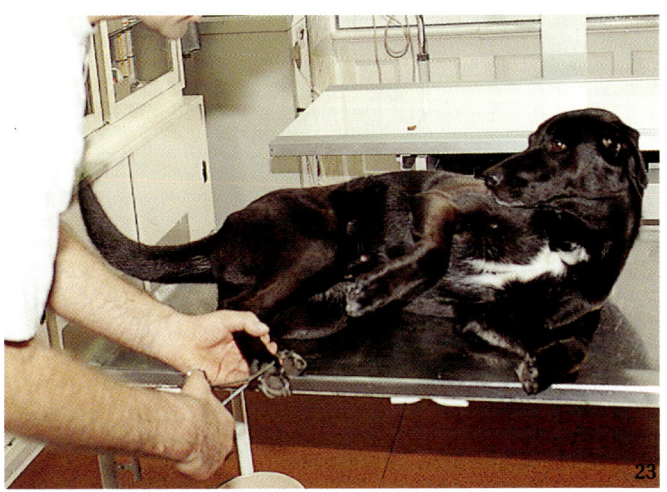

24 Spezielle Halsbänder, die einen Wirkstoff gegen Parasiten enthalten, können vor Flöhen und Zecken schützen.

25 Zecken beißen sich bevorzugt am Kopf, Hals oder Nacken des Tieres fest, aber auch direkt am Augenlid.
(Anmerkung: Das Bild zeigt eine Zecke an einem Katzenauge.)

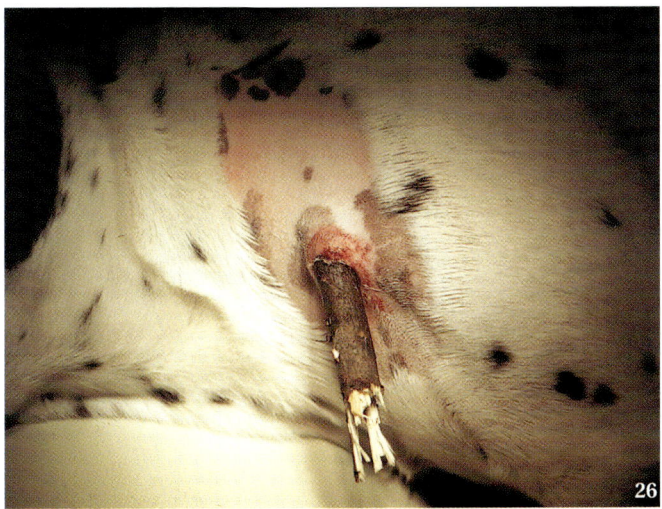

26 Zu massiven Verletzungen kann es beim Stöckchen-Spiel kommen. Der Hund springt nach dem sich noch in der Luft befindlichen Stock. Dabei kann sich das Holz in den Körper einspießen (auf dem Bild in die Schulter).

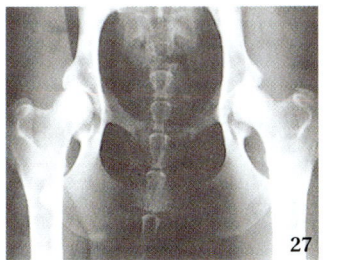 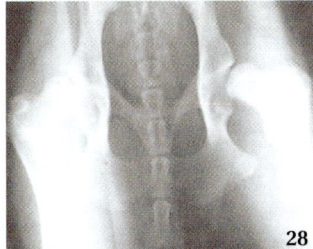

27 Bei einem gesunden Hüftgelenk passen Gelenkkopf und Beckenpfanne genau ineinander.

28 Bei einem an Hüftgelenksdysplasie erkrankten Tier wird der Gelenkkopf nicht mehr von der Beckenpfanne ummantelt.

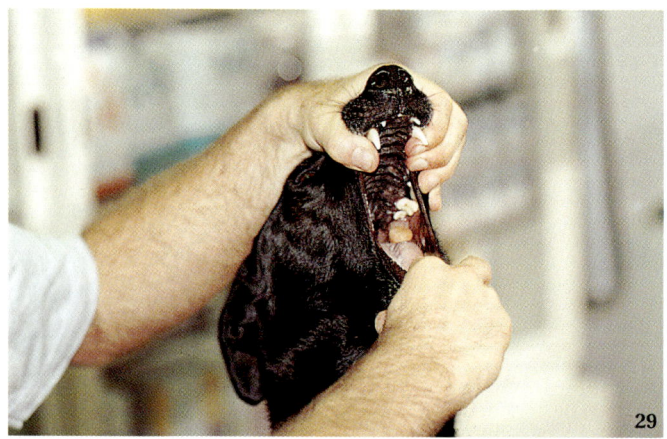

29 Tabletten verabreichen Sie am besten, indem Sie sie möglichst tief auf den Zungengrund legen.

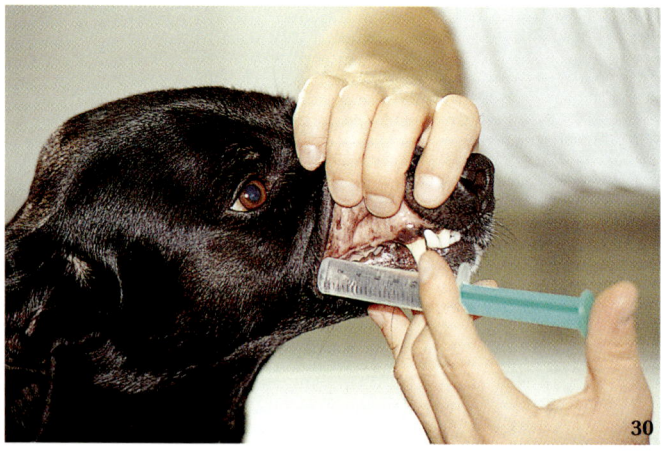

30 Flüssige Medikamente können mit einer Spritze seitlich in die Backentaschen gebracht werden.

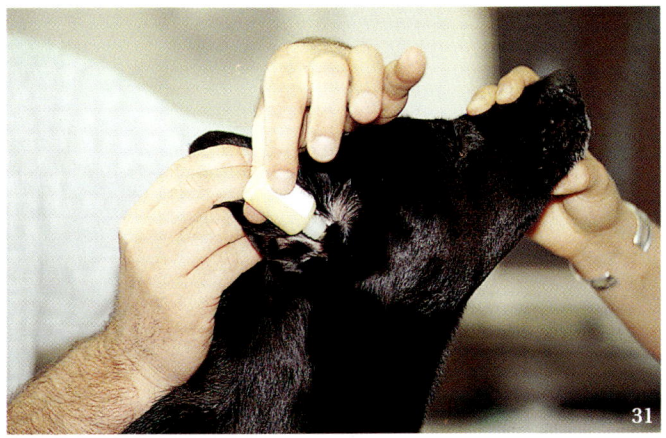

31 Bei der Verabreichung von Ohrentropfen führen Sie den Ansatz der Flasche tief in den Gehörgang ein…

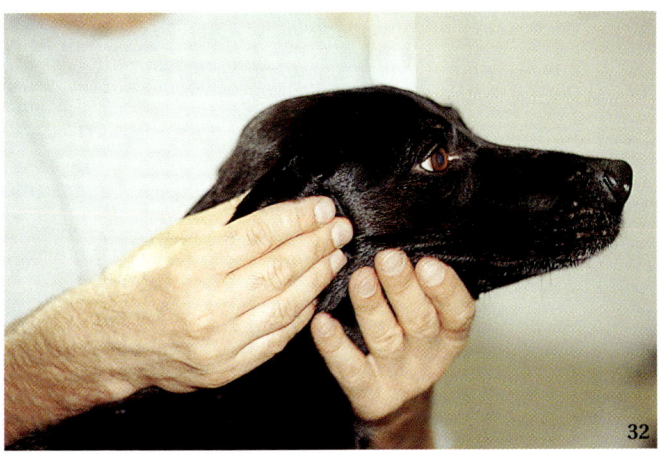

32 … und massieren anschließend den Gehörgang, damit sich die Tropfen gut verteilen.

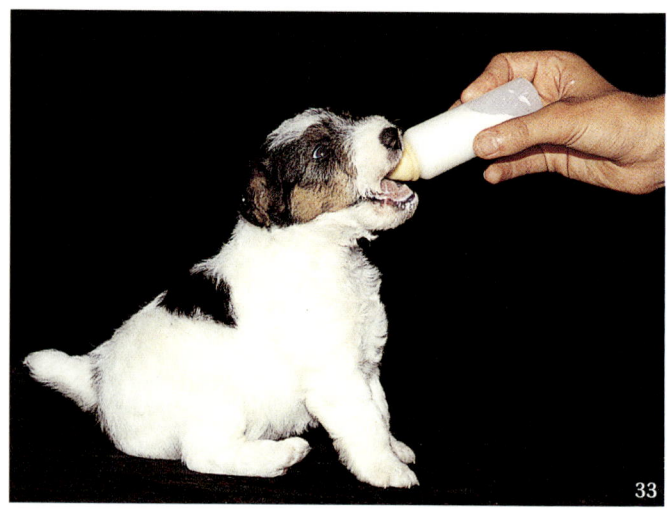

33 Welpen, die ohne Mutter aufgezogen werden, muss man alle zwei Stunden füttern.

von Jungtieren). Die Hauptausscheidung des Virus, das außerhalb des Körpers lange überlebensfähig ist, erfolgt über den Kot. Es kann hier sogar über Jahre existieren. Aus diesem Grund erfolgt die Ansteckung oral über kotverschmutztes Futter sowie Gegenstände (Futternäpfe, Fell oder Kleidung). Je nach Alter des Hundes sowie Immunlage unterscheiden wir zwischen der Darmform (Hunde über 8 Lebenswochen) und der Herzform (Hunde unter 8 Lebenswochen). Beide Ausprägungen treten nur noch äußerst selten auf, da die Muttertiere in der Regel geimpft sind. Die Inkubationszeit nach Vermehrung im Hals-Rachen-Bereich beträgt ca. 7 Tage bis zum Auftreten von klinischen Symptomen: Erbrechen (kann auch fehlen) und anfänglich leichtem Durchfall, der sich binnen 48 Stunden zu einer massiven blutigen Darmentzündung (hämorrhagische Enteritis) ausbilden kann. Massive Flüssigkeitsverluste, Verweigerung der Futteraufnahme sowie Beteiligung von Sekundärerregern, die die gesamte Situation deutlich verschlimmern, schließen sich an.

Die meisten Tiere sterben innerhalb der ersten 4–5 Tage, überleben sie diesen Zeitraum, nimmt die Heilungschance deutlich zu – eine entsprechende Behandlung vorausgesetzt.

Bei der Herzform der Welpen kommt es sehr früh zu plötzlichen Todesfällen, sie sterben infolge eines Lungenödems (Wasseransammlung in der Lunge), Aszites (Wasseransammlung im Bauch) oder durch starke Atemnot.

Die Diagnose stützt sich auf die Symptome sowie auf die deutlich abgesunkenen Werte der weißen Blutkörperchen. Das Virus kann im Kot außerdem bis zu 14 Tage nach Infektionsbeginn nachgewiesen werden.

Die Behandlung zielt in erster Linie auf eine Flüssigkeitszufuhr durch Infusionen, Nahrungsentzug für 1–2 Tage, Verhinderung von bakteriellen Sekundärinfektionen durch Antibiotikagaben sowie die Beruhigung von Darm und Magen durch Medikamente. Setzt die Behandlung sehr früh und gezielt ein, hat der Patient gute Chancen auf Heilung.

Prophylaktisch sollten alle Hunde nach zweimaliger Grundimmunisierung jährlich wieder erneut geimpft werden (siehe Impfschema, Seite 104).

Zwingerhusten-Komplex (Infektiöse Tracheobronchitis)

Es handelt sich hierbei um eine Mischinfektion, an der mehrere Viren und Bakterien beteiligt sind, u. a. Influenzaviren, Herpesviren, Parainfluenzaviren und Eitererreger (z. B. Streptokokken oder Staphylokokken). Die Infektionsübertragung erfolgt über Tröpfchen bei einer Inkubationszeit von bis zu 30 Tagen. Die Erreger werden über die Atemwege ausgeschieden, was zu einer massiven Verbreitung führen kann. Die Symptome reichen von mildem Nasen- und Augenausfluss mit Mandelentzündung (Tonsillitis) und heiser-trockenem Husten bis hin zu schweren Allgemeinstörungen, Fieber und Lungenentzündung (Bronchopneumonien). Im

Allgemeinen heilen die Symptome wieder ab; Langzeitschäden bzw. Veränderungen des Lungengewebes können jedoch auftreten.

Die Behandlung zielt auf eine Verhinderung von Sekundärinfektionen sowie auf eine Linderung des quälenden
Hustens. Prophylaktisch sind Kombinationsimpfstoffe
auf dem Markt, so dass nach zweimaliger Grundimmunisierung und jährlicher Boosterung (Auffrischung) die
Gefahr einer Infektion gemindert werden kann (siehe
Impfschema, Seite 104).

Tollwut (Rabies)

Hauptwirt der in Mitteleuropa vorkommenden Tollwut
ist der Rotfuchs. Menschen, Hunde und Katzen können
sich gleichermaßen infizieren.

Es besteht aufgrund des für den Menschen meist töd-
lichen Verlaufs Anzeigepflicht, das heißt, bei Verdacht
auf Tollwut greifen sofort veterinärpolizeiliche Maßnahmen.

Der Hauptinfektionsweg verläuft über die verletzte
Haut, das heißt über eine Bissverletzung durch ein infi-
ziertes Tier. Gelangt das Virus in die Muskulatur,
kommt es dort zur Vermehrung und wandert über die
Nervenbahnen zum Rückenmark und zum Zentralnervensystem. Hier erfolgt die Hauptvermehrung und

anschließend die Ausbreitung über die Nervenbahnen in alle Organe, vor allem in die Augen und die Speicheldrüsen.

Die Inkubationszeit kann von 14 Tagen bis zu 12 Monaten variieren. Die Symptome stehen in Zusammenhang mit der nervalen Ausbreitung: Sie reichen von nur geringen Wesensänderungen (Bellen, Beißen, Angst, Unruhe o. ä.) über gesteigerte Aggressivität, Speicheln, Futterverweigerung, rasende Wut bis hin zu hochgradigen Lähmungserscheinungen (Kehlkopf), Erschöpfung und schließlich dem Tod. Bei zunehmendem Auftreten der »stillen Wut«, das heißt ohne deutliche klinische Symptome (Teilnahmslosigkeit, Speicheln, Schielen, Lähmung von Unterkiefer, Rumpf und/oder Gliedmaßen, alles insgesamt nur gering ausgebildet), ist es schwierig, eine eindeutige Diagnose zu stellen.

Grundsätzlich sollte in tollwutgefährdeten Gebieten bei Hunden mit neurologischen Ausfallerscheinungen immer an die Möglichkeit einer Tollwutinfektion gedacht werden.

Besteht ein Tollwutverdacht, so hat der zuständige Amtstierarzt alle weiteren Maßnahmen zu treffen; er allein ist befugt, weitere Untersuchungen einzuleiten.

Prophylaktisch werden die Hunde einmal jährlich gegen Tollwut geimpft (siehe Impfschema, Seite 104).

Stuttgarter Hundeseuche (Leptospirose)

Im Gegensatz zu den bisher genannten Infektionskrankheiten ist die Leptospirose eine bakterielle Erkrankung, die vorwiegend bei Nagern (Ratten, Mäusen)
auftritt. Hunde und Menschen können sich jedoch
auch infizieren. Haupterreger ist *Leptospira icterohaemorrhagiae*, der beim Hund schwerste Symptome hervorrufen kann. Die Ansteckung erfolgt durch direkten
Kontakt mit dem Harn infizierter Hunde oder Dauer-
ausscheider sowie durch den Kontakt mit Ratten und
Mäusen (unter anderem über Erde, Stallstreu oder
Feldfrüchte).

Die Inkubationszeit beträgt 1–2 Wochen, wobei sich
die Leptospiren bereits am Ort des Eintritts vermehren
(Schleimhaut der Genitalien, des Verdauungstrakts und
der Bindehäute). Danach kommt es zur Organbesiedelung und zu klinischen Symptomen, die abhängig vom
Immunsystem und vom Alter des Hundes sowie vom
Ausmaß der Organschäden sind.

Der Hund leidet unter fieberhaften Allgemeinerkran-
kungen von Leber, Nieren und Zentralnervensystem
mit entsprechenden Symptomen: Erbrechen, Durchfall,
verminderter Harnabsatz, Gelbsucht (Ikterus), Entzündungen der Mandeln (Tonsillitis) und der Mundschleimhaut (Stomatitis), daneben auch Lahmheitser-
scheinungen. Aus den akuten Erkrankungen können
sich auch chronische Verlaufsformen entwickeln, wobei
die Erreger in den Nieren vorhanden bleiben (persistie-

ren) und noch nach Jahren zu Nierenversagen führen können.

Aufgrund der Ansteckungsgefahr für den Menschen besteht für die Leptospirose Meldepflicht, das heißt, bei einer nachgewiesenen Infektion beim Hund muss diese der Veterinärbehörde gemeldet werden.

Prophylaktisch werden Hunde durch eine zweimalige Grundimmunisierung und jährliche Boosterung gegen *Leptospira icterohaemorrhagiae* und *Leptospira canicola* geimpft (siehe Impfschema, Seite 104).

Borreliose, Lyme-Borreliose oder »Zeckenimpfung«

In der täglichen Praxisroutine kommt es immer wieder zu Missverständnissen. Hundebesitzer wünschen: »Ich möchte meinen Hund gegen Zecken impfen lassen.« Dabei erreicht man bei der »Zeckenimpfung« lediglich eine Immunisierung des Hundes gegen die durch Zecken übertragbare Erkrankung, die Borreliose, keinesfalls jedoch einen vermeintlichen Schutz gegen den Biss von Zecken.

Borreliose ist eine bakterielle Infektion (s. Seite 120). Zurzeit ist eine Schutzimpfung in Deutschland möglich. Geimpft werden können alle Hunde ab einem Lebensalter von 12 Wochen, wobei eine Erstimpfung oder Grundimmunisierung im Abstand von 3–4 Wochen wiederholt werden muss, um einen ausreichenden Impfschutz zu gewährleisten. Die Wiederholungsimpfung erfolgt dann einmal jährlich (siehe Impfschema, Seite 104).

Ratsam ist eine Impfung gegen Borreliose bei Hunden, die sich häufig in zeckenreichen Gebieten aufhalten oder die zur Jagd eingesetzt werden. Besonders gefährdete Gebiete sind die Landstriche südlich von Main und Donau, aber auch im Norden gibt es immer häufiger Bereiche, in denen es zu Infektionen von Hunden kommt (genauere Informationen erhalten Sie von Ihrem Tierarzt vor Ort).

Als Präventivmaßnahmen gegen Zecken haben sich neben dem Absammeln der Plagegeister nach dem täglichen Spaziergang vor allem Zeckenhalsbänder bewährt, wobei einschränkend gesagt werden muss, dass übermäßiges Schwimmen oder Baden ein beschleunigtes Auswaschen des Wirkstoffes aus dem Halsband zur Folge hat. Außerdem entwickeln manche Hunde eine Kontaktallergie gegen die Halsbänder.

In jüngster Zeit gibt es eine Spot-on-Behandlung von Hunden, ähnlich der gegen Flöhe, die einen kombinierten Schutz gegen Flöhe und Zecken verspricht. Das Medikament (*Frontline* von der Firma Merial) wird dabei direkt auf die Haut des Tiers aufgetragen. Der Schutz gegen Flöhe und/oder Zecken variiert von 4 Wochen bis hin zu 3 Monaten. Damit bietet dieses Präparat derzeit eine gute Alternative zu den Zeckenhalsbändern.

	Lebenswoche				
Erkrankung	8.	12.	14.	16.	18.
Staupe	☐	■			
ansteckende Leberentzündung	☐	■			
Hundeseuche	☐	■			
Leptospirose	☐	■			
Tollwut		☐			
Zwingerhusten			☐		■
Borreliose		☐		■	

Anmerkung: *Dieses Schema hat sich in meiner Praxis bewährt, es gibt jedoch keine allgemeingültigen Regeln. Zudem sind unterschiedliche Impfstoffzusammenstellungen auf dem Markt. Informieren Sie sich deshalb ausführlich bei Ihrem Tierarzt.*

☐ = *1. Grundimmunisierung*　　■ = *2. Grundimmunisierung*

Wurmbefall

Magen- und Darmwürmer sind Parasiten, die in einem Wirtstier auf dessen Kosten leben. Hat sich Ihr Hund erst einmal infiziert, schaden die Schmarotzer dem Tier durch Verletzungen, Nährstoff- und Blutentzug wie auch durch Stoffwechselgifte.

In einigen Fällen können die Würmer aber auch auf den Menschen übertragen werden. Es ist daher wichtig, diese rechtzeitig zu erkennen sowie durch regelmäßige Entwurmungen vorzubeugen.

Es stehen dem Tierarzt mittlerweile eine große Auswahl von Entwurmungspräparaten zu den einzelnen Parasiten zur Verfügung, aber auch Kombinationspräparate, mit denen sowohl ein Spul- als auch ein Bandwurmbefall behandelt werden kann. Lassen Sie sich von Ihrem Tierarzt über das jeweilige Wirkungsspektrum des Medikaments aufklären.

Grundsätzlich muss man sagen, dass es keine prophylaktische Behandlung gegen Parasiten gibt (dies wird von den meisten Besitzern immer noch fälschlicherweise angenommen). Deshalb mein Tipp: Lassen Sie in regelmäßigen Abständen den Kot Ihres Hundes auf Parasiten untersuchen. So können Sie das Tier entsprechend des Ergebnisses mit einem adäquaten Entwurmungsmedikament behandeln.

Ich möchte hier nur die am häufigsten vorkommenden Wurmarten bei uns nennen. Daneben existieren vorwiegend bei Hunden, die aus mittel- und außereuropäischen Ländern nach Deutschland eingeführt werden, vereinzelt noch andere Wurmarten.

Spulwürmer

Beim Hund steht der Befall mit Spulwürmern oder Askariden (Toxocara canis und Toxascaris leonina) zahlenmäßig an erster Stelle der einschlägigen Erkrankungen. Diese Würmer sind bis zu 20 cm lang, weiß und rund. Sie parasitieren im Dünndarm der Hunde. Die erwachsenen Würmer legen Eier, die über den Kot nach außen gelangen und aus denen sich unter günstigen Bedingungen (Temperatur/Feuchtigkeit) infektionsfähige Larven entwickeln. Spulwurmeier können in feuchten Böden Jahre überleben.

Eine Infektion des Hundes erfolgt entweder über die orale Aufnahme von Wurmeiern (Schmutzinfektion), seltener durch den Verzehr von Beutetieren (Kleinnager), am häufigsten aber durch die Übertragung vom Muttertier auf den ungeborenen oder neugeborenen Welpen. In ersterem Fall schlüpfen nach Aufnahme der Eier die Larven im Dünndarm des Hundes, durchbohren die Darmwand und wandern mit dem Blut über Leber und Herz bis in die Lungen.

Bei den Welpen werden die Larven nach der Weiterentwicklung über Luftröhre und Speiseröhre wieder abgeschluckt. So gelangen sie erneut in den Darmkanal, wo sie ihren Entwicklungszyklus vollenden.

Bei erwachsenen (adulten) Hunden kann es während der Wanderung der Larven durch den Körper des Tieres zu Abkapselungen in der Muskulatur und in verschiedenen Organen kommen, wo die Würmer mehrere Jahre überleben können und damit erneut eine Ansteckungsquelle für Föten und Welpen sind, indem sie über die Gebärmutter oder die Milch auf die Welpen übertragen werden.

Im Allgemeinen verlaufen Infektionen mit Spulwürmern bei erwachsenen Tieren harmlos, bei Welpen kann durch massiven Befall Durchfall auftreten. Die Erkrankung führt bei ihnen zu dem typischen dicken »Wurmbauch«.

Die Diagnose wird durch eine Kotuntersuchung gestellt. Allerdings können Würmer in der Wanderphase keine Eier ausscheiden, da sie noch nicht geschlechtsreif sind. Sie sind daher auch nicht nachzuweisen.

Behandlung

Die Behandlung mit entsprechenden Medikamenten sollte bei Junghunden ab der 3. Lebenswoche und anschließend in 2- bis 3-wöchigem Abstand bis 6 Wochen nach dem Absetzen erfolgen. Parallel dazu muss auf jeden Fall auch die Mutter entwurmt werden. Ältere Hunde sind aufgrund ihrer höheren Immunität nur noch selten mit geschlechtsreifen Würmern befallen. Regelmäßige Hygienemaßnahmen (Reinigung des Zwingers, Entfernen des Kots u. a.) und Kotuntersuchungen sowie jährliche Entwurmungen minimieren das Risiko einer Infektion.

Für den Menschen besteht bei der Aufnahme von infektionsfähigen Eiern ebenfalls die Gefahr einer Infektion. Die Larven können kleine Abkapselungen (Granulome) in Leber, Lunge, Zentralnervensystem oder Augen hervorrufen. Das Krankheitsbild heißt Larva migrans visceralis. *Der Mensch infiziert sich sprichwörtlich »von der Hand in den Mund«, nämlich über Eier, die am Fell des Hundes haften können. Eine nicht unerhebliche Infektionsgefahr besteht durch Hundekot, besonders in Parks, Grünflächen oder auf Kinderspielplätzen. Gerade Kleinkinder können sich auf Spielplätzen und in Sandkisten sowie bei nicht hygienischem Umgang mit Hunden infizieren.*

Hakenwürmer

Eine weitere in Deutschland vorkommende Wurmart ist der Hakenwurm (Ankylostoma caninum und Uncinaria stenocephala). Auch diese kleinen 2–3 cm langen Würmer parasitieren im Dünndarm ihres Wirts, heften sich dort an die Schleimhaut und ernähren sich von Blut- und Gewebeanteilen. Die Krankheitserscheinungen variieren mit dem Befall – je stärker der Befall, umso ausgeprägter sind die Symptome. Sie reichen von leichten

Darmreizungen über entzündlich-blutige Durchfälle bis hin zu ausgeprägter Blutarmut (Anämie).

Die ausgeschiedenen Larven finden in feuchter Umgebung bei Temperaturen zwischen 20–30 Grad optimale Entwicklungsbedingungen.

Hunde infizieren sich über die Aufnahme von Larven aus ihrer Umgebung (Schmutzinfektion), wobei sich die Larven im Dünndarm festsetzen und sich zu erwachsenen Würmern weiterentwickeln. Ein Teil der Parasiten wandert aber auch, nach Durchbohren der Mundschleimhaut, im Körper umher und kapselt sich in der Muskulatur ab. Diese Larven werden durch hormonelle Reize (z. B. Geburt) reaktiviert und über die Muttermilch erneut auf die Welpen übertragen (galaktogene Infektion). Daneben kann die Infektion über die Haut erfolgen (perkutan).

Die Larven gelangen dabei über Blut, Lunge, Luftröhre und Speiseröhre wieder in den Darmkanal oder kapseln sich in der Muskulatur ab, um später wieder reaktiviert zu werden.

Die Diagnose erfolgt über den Nachweis im Kot; die Behandlung gleicht der Therapie bei Spulwürmern.

DER PEITSCHENWURM (*TRICHURIS VULPIS*)

Der Peitschenwurm, der zur Gattung der Spulwürmer gehört, kann vor allem bei Welpen in großen Händlerbeständen zu massiven, teilweise blutigen Durchfällen mit Schwächung der jungen Hunde führen. Erwachsene Tiere zeigen oft keine Symptome. Der Nachweis ist schwieriger als bei den meisten anderen Würmern, da die Ausscheidung der Eier unregelmäßig verläuft und oft 2–3 Monate vergehen, bis die Eier im Kot auftauchen. Aus diesem Grund sollte bereits beim Verdacht einer Infektion mit entsprechenden Medikamenten entwurmt werden.

Bandwürmer

Anders als bei Spul- und Hakenwürmern sind beim Entwicklungszyklus von Bandwürmern immer ein bis zwei Zwischenwirte eingeschaltet, in denen sich die infektionsfähigen Stadien entwickeln. Der am weitesten verbreitete Bandwurm ist der Kürbiskernbandwurm *(Dipylidium canium)* mit einer Länge von bis zu 50 cm. Die erwachsenen Würmer stoßen ihre Endglieder (Proglottiden) ab, die dann aktiv aus dem Darm bzw. After wandern.

Bei den Hunden verursacht das gelegentlich Juckreiz, der sie zum so genannten »Schlittenfahren« bringt (s. Seite 27). In den abgestoßenen Wurmgliedern befinden sich die infektionsfähigen Eier, die von Flöhen und Haarlingen aufgenommen werden (Zwischenwirte), in denen sie sich zu Larven (Finnen) entwickeln. Die Hunde infizieren sich im Allgemeinen durch die Aufnahme der Zwischenwirte. Im Dünndarm des Hundes kann sich dann der Bandwurm entwickeln.

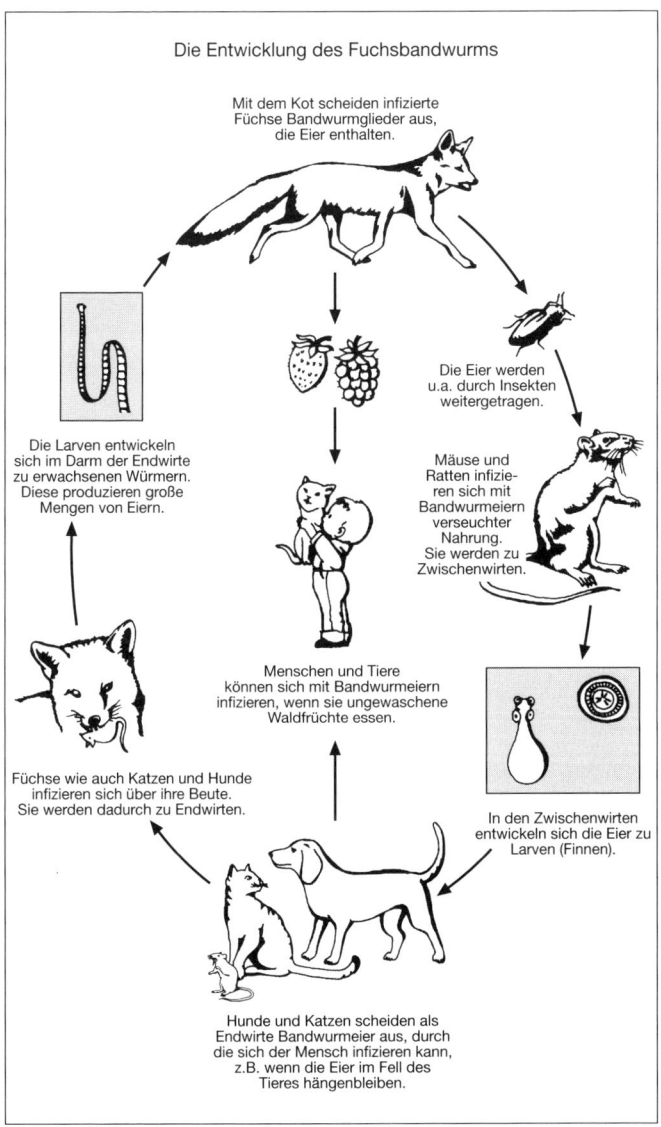

Die Entwicklung des Fuchsbandwurms

Mit dem Kot scheiden infizierte Füchse Bandwurmglieder aus, die Eier enthalten.

Die Eier werden u.a. durch Insekten weitergetragen.

Die Larven entwickeln sich im Darm der Endwirte zu erwachsenen Würmern. Diese produzieren große Mengen von Eiern.

Mäuse und Ratten infizieren sich mit Bandwurmeiern verseuchter Nahrung. Sie werden zu Zwischenwirten.

Menschen und Tiere können sich mit Bandwurmeiern infizieren, wenn sie ungewaschene Waldfrüchte essen.

Füchse wie auch Katzen und Hunde infizieren sich über ihre Beute. Sie werden dadurch zu Endwirten.

In den Zwischenwirten entwickeln sich die Eier zu Larven (Finnen).

Hunde und Katzen scheiden als Endwirte Bandwurmeier aus, durch die sich der Mensch infizieren kann, z.B. wenn die Eier im Fell des Tieres hängenbleiben.

111

Die Symptome bei einem Befall mit Bandwürmern sind im Allgemeinen harmlos. Die Diagnose bereitet keine Schwierigkeiten, da die reiskornartigen Gebilde am Fell der Hunde, vorwiegend im Bereich des Afters, leicht zu erkennen sind.

Für die erfolgreiche Bekämpfung stehen unterschiedliche Medikamente zur Verfügung. Die Behandlung umfasst in der Regel zusätzlich eine intensive Floh- und Haarlingsbekämpfung des Tieres und seiner Umgebung.

Die Gefahren durch den Fuchsbandwurm für den Menschen

Der Mensch kann Zwischenwirt des dreigliedrigen Fuchsbandwurms (Echinokokkus granulosus) *sein. Menschen infizieren sich, indem sie Bandwurmeier bei Schmierinfektionen oder einem unhygienischen Umgang mit Hunden aufnehmen. Kleine Kinder sind dabei am meisten gefährdet.*

Auch durch Fliegen oder Insekten können die Wurmeier vom Hundekot auf die menschliche Nahrung gelangen und somit ein Infektionsrisiko darstellen, ebenso durch den Verzehr von Waldfrüchten.

Nach der Aufnahme der Bandwurmeier findet ein monate- bis jahrelanges Wachstum vorwiegend in Leber, Lunge, Milz, Bauchfell, Herz, Nieren oder Knochen statt. Die Finnen sind manchmal kindskopfgroß. Über einen langen Zeitraum kann diese Infektion symptomlos bleiben. Die massiven Veränderungen im Körper können

112

jedoch auch schwerwiegende Symptome hervorrufen, mitunter führen sie sogar zum Tod.

Prophylaktisch sollten alle Hunde regelmäßig entwurmt werden, der Kot infizierter Hunde muss sorgfältig und unschädlich beseitigt werden. Vorbeugend dürfen rohe Schlachtabfälle nicht an Hunde verfüttert werden.

In einigen ländlichen Gebieten gibt es noch den kleinen Fuchsbandwurm. Endwirte sind v. a. Hunde und Füchse, als Zwischenwirte dienen in unseren Breiten Rinder, Schweine und Kleinnager, aber auch Menschen.

Der Hund infiziert sich über die Aufnahme von Zwischenwirten, in denen sich die infektionsfähigen Eier bereits zu Finnen entwickelt haben. Im Dünndarm des Hundes vollzieht sich der Entwicklungszyklus zum erwachsenen Bandwurm, der dann wiederum seine Endglieder abstößt, die als reiskornartige Gebilde auf dem Kot zu finden sind und nun eine Gefahr für den Menschen darstellen.

Ich möchte hier noch auf eine weitere Parasitose hinweisen, die in den letzten Jahren immer mehr an Bedeutung gewonnen hat, gerade auch im Hinblick auf eine mögliche Ansteckungsgefahr für den Menschen.

Giardiose (Giardia duodenalis)

Bei der Giardiose handelt es sich um einen Darmparasiten, der bei Hunden und Menschen vorkommen kann. Dieser Einzeller ist mittlerweile von der Weltgesundheitsorganisation (WHO) als Zoonose-Erreger eingestuft, das heißt, dass diese Erkrankung von Tieren auf Menschen übertragbar ist. Bei diesem Parasiten bleiben die infektionsfähigen Zysten bei feuchter und kühler Umgebung in der Außenwelt mehrere Monate ansteckungsfähig.

Die Zysten werden von infizierten Tieren über den Kot ausgeschieden. Über die Umgebung (Sand, Gras) stecken sich andere Hunde wiederum an, indem sie die Zysten oral aufnehmen. Selbst unter guten Haltungsbedingungen können bei etwa 10 Prozent der erwachsenen Hunde Giardien nachgewiesen werden. Bei Junghunden oder Welpen liegt der Wert sogar bei 50 Prozent. Wird diese Infektion in einen größeren Zwinger eingeschleppt, kann sie bei allen Tieren ausbrechen.

Dieser weltweit verbreitete Parasit führt nach Infektion (gerade bei Jungtieren oder geschwächten Hunden) zu lang andauernden Durchfällen, wobei der Kot von schleimig-breiiger Konsistenz ist und teilweise mit Blutspuren durchsetzt sein kann.

Die Folge sind Probleme bei der Verwertung von Nahrung, Gewichtsverlust und Kümmern bei den Junghunden. Bei den erwachsenen Hunden verläuft die Erkrankung meist ohne klinische Symptome, die Tiere stellen aber durch die Ausscheidung von infektionsfähigen Zysten eine Gefahr für andere Hunde und den Menschen dar.

Bei den Menschen sind vor allem Kinder gefährdet. Die Symptome reichen auch hier von Durchfall über Mangelernährung bis hin zu Wachstumsverzögerungen. Laut Weltgesundheitsorganisation ist die Giardiose beim Menschen der häufigste Darmparasit in den westlichen Industrienationen.

Ist der Erreger beim Hund nachgewiesen (mikroskopisch im Kot oder durch ein spezielles immunologisches Verfahren), kann eine Therapie mit dem Wirkstoff Fenbendazol durchgeführt werden. Fenbendazol wirkt gleichzeitig gegen Spulwürmer.

Vor einer Infektion kann man seinen Hund vor allem schützen, indem man auf ausreichende Hygiene im Zwinger achtet, das heißt stets saubere Wasser- und Futternäpfe, Beseitigung von feuchten Stellen im Zwinger, Reinigung der Boxen und Zwinger sowie regelmäßige Behandlungen der Hunde mit dem oben genannten Präparat.

Werden diese Hygienemaßnahmen eingehalten, wird zugleich die Möglichkeit der Übertragung auf den Menschen reduziert. Kinder sollten sich nach dem Spielen im Sandkasten oder nach dem Streicheln von Hunden stets die Hände waschen.

Flöhe und Zecken

Ein Flohbefall ist unabhängig von Rasse, Alter und Geschlecht des Tieres und kommt nahezu bei allen Tierarten wie auch beim Menschen vor. Hunde stecken sich durch direkten Kontakt mit Artgenossen an oder nehmen das Ungeziefer aus der Umgebung auf. Die kleinen, blutsaugenden Parasiten sind etwa 2–3 mm groß und dunkelbraun. Sie halten sich auf dem Wirt bevorzugt im Kopf- und Halsbereich, auf dem Unterbauch, dem Rücken sowie im Bereich der Geschlechtsorgane auf.

Während der Katzenfloh permanent auf dem Wirt bleibt, lässt sich der Hundefloh nur für seine ca. einstündige Blutmahlzeit auf dem Wirt nieder. Ohne Blut können die erwachsenen Flöhe 1–2 Monate überleben.

Die Weibchen beginnen mit der Eiablage 1–2 Tage nach ihrer Blutmahlzeit, wobei die Eier im Fell des Wirts oder in dessen Umgebung abgelegt werden.

Der weitaus größte Teil der Flöhe hält sich in Teppichen, Decken, Betten, Körben und Fußböden auf und vermehrt sich auch dort. Aus diesem Grund ist es wichtig, bei der Flohbekämpfung die Umgebung des Tieres stets mit einzubeziehen.

WENN DER FLOH DEN HUND BEISST

Hat Ihr Hund Flöhe, so werden Sie das bald am Verhalten des Tieres sowie an einigen typischen Indizien feststellen.

Sie sollten dann möglichst schnell gegen das Ungeziefer aktiv werden.

Bei Jungtieren kann ein massiver Befall sogar zu Blutarmut (Anämie), Abmagerungen und hochgradigen Allgemeinstörungen führen. Achten Sie deshalb auf die folgenden Symptome:

- *Juckreiz, haarlose Stellen, Hautrötungen, Fellbruch, Kratzen, Beißen*
- *allergische Reaktionen (Flohspeichelallergie)*
- *schwarzbraune Ausscheidungen der Flöhe (unverdautes Blut), die sich auf einem mit Wasser angefeuchteten Wattebausch rötlich verfärben*

Bei der Auswahl der entsprechenden Medikamente (Shampoos, Sprays, Halsbänder, Tabletten, Suspensionen, Flohpipetten etc.) und deren Anwendung sollten Sie sich durch den Tierarzt beraten lassen. Wichtig ist, dass alle im Haushalt lebenden Tiere gleichzeitig behandelt werden, damit sie sich nicht mehr gegenseitig anstecken.

Für die Behandlung der Umgebung ist ebenfalls eine Reihe von Präparaten im Handel. Zusätzlich sollten Decken, Bettwäsche und Tierdecken gewaschen, Teppiche und Möbel gesaugt werden.

- *Erwachsene (adulte) Flohweibchen beginnen ca. 24–48 Stunden, nachdem sie Blut gesaugt haben, mit der Eiablage, wobei ca. 30 Eier pro Tag gelegt werden.*

- *Aus diesen Eiern entwickeln sich zunächst Flohlarven, dann Puppen und schließlich die erwachsenen Flöhe.*

- *Dieser Entwicklungszyklus ist unter günstigen Bedingungen (Umgebungstemperatur, Luftfeuchtigkeit und Nahrungsangebot) innerhalb von 20–24 Tagen abgeschlossen.*
  Bei weniger günstigen Bedingungen kann er aber auch ein Jahr in Anspruch nehmen.

- *Die Lebenserwartung eines erwachsenen Flohs liegt bei 6–12 Monaten, Puppenstadien können bis zu 24 Monaten überleben.*

- *Höhepunkte der Flohplage: Spätsommer und Frühherbst.*

Ein Flohbefall sollte auf jeden Fall ernst genommen werden, denn Flöhe sind nicht nur selbst lästig, sondern auch Zwischenwirte von Bandwürmern. Da Hunde die Flöhe bei der Aufnahme zerbeißen, müssen die Tiere nach einer erfolgreichen Flohbehandlung auch immer entwurmt werden.

Bedenken Sie aber auch, dass Flöhe gerne Menschenblut saugen.

Zecken sind auch für den Hund gefährlich

In der Zeit von April bis Oktober kann es leicht passieren, dass die Tiere Opfer von Zecken werden, wenn Sie mit ihnen spazieren gehen oder wenn Hunde frei herumstromern und dabei an Büschen, Sträuchern oder Bäumen entlangstreifen.

Zecken leben in großen Gärten und Parks oder im Wald. Sie warten in einer Höhe bis zu 1,60 m auf ihre Wirte, die sie mit speziellen Sinnesorganen an den Beinpaaren erkennen können. In Deutschland finden wir vorwiegend den »Gemeinen Holzbock« (Ixodes ricinus).

DIE ENTWICKLUNG VON ZECKEN

- *Das Ei entwickelt sich zur Larve, dann zur Nymphe bis hin zur erwachsenen (adulten) Zecke.*
- *Zecken leben in jedem Entwicklungsstadium für eine ca. 6–10 Tage dauernde Blutmahlzeit als Parasiten auf Wirbeltieren.*
- *Die Weiterentwicklung, also Häutung und Eiablage, erfolgt außerhalb des Wirts am Boden oder im Buschwerk.*
- *Männliche Zecken saugen kein Blut, sie befruchten jedoch die weiblichen Zecken, während diese saugen.*
- *Der von Temperatur, Nahrungsangebot (Wirte) und Luftfeuchtigkeit abhängige Entwicklungszyklus kann bis zu 3 Jahren dauern.*

Da eine Zecke während ihrer Entwicklung mehrere Wirte »anzapft«, werden dabei auch Bakterien aufgenommen, z. B. Schraubenbakterien (Borrelien), die sich dann in den Zecken vermehren. Bei der nächsten Blutmahlzeit können diese Bakterien den Wirt wechseln und so bei einem neuen Wirt Krankheiten verursachen. Einer Studie zufolge sind bis zu 20 Prozent der erwachsenen Zecken mit Borrelien infiziert.

Die Lieblingsorte der Zecken sind vorwiegend der Kopf-, Hals-, Nacken- und Vorderbrustbereich des Hundes *(siehe Bild 25)*. Die Symptome sind im Allgemeinen nicht sehr ausgeprägt (Hautrötung, kleine Schwellung, evtl. Juckreiz), wobei die Größenzunahme der blutsaugenden Insekten beträchtlich ist: von 5 mm steigern sie sich auf bis zu 14 mm im vollgesogenen Zustand.

Beim Hund werden Zecken wegen des dichten Fells häufig nicht bemerkt. Im späteren Stadium, beim Auftreten von Lahmheiten oder Gelenkentzündungen, drängt sich der Verdacht der so genannten Lyme-Borreliose auf. Dabei gibt es immer wieder auch Zeiten ohne klinische Symptome. Die Diagnose stützt sich auf die Untersuchung von Antikörpern gegen Borrelien. Bestätigt sich der Verdacht, können entsprechende Antibiotika eingesetzt werden.

Neben Borreliose übertragen Zecken auch das Virus der Früh-Sommer-Meningo-Enzephalitis auf Haustiere. Sie werden infiziert, können aber, im Gegensatz zum Menschen, nicht erkranken.

Nach jedem Wald- oder Feldspaziergang sollten Sie Ihren Hund nach den Blutsaugern absuchen. Eventuell können Sie die Zecke bereits entfernen, bevor sie sich festgebissen hat. Am besten, Sie greifen dabei die Zecke direkt über der Hautoberfläche und ziehen sie dann durch Drehen heraus.

Dabei sollten Sie versuchen, nicht auf dem gefüllten Zeckenkörper herumzudrücken, damit z. B. Borrelien nicht in die Bissstelle gelangen können.

Für diese »Behandlung« eignen sich Pinzetten oder so genannte Zeckenzangen. Bleibt der Zeckenkopf einmal in der Haut stecken, kann es gelegentlich zu kleineren Hautreaktionen (Schwellung, kleine knotige Zubildung) kommen, die sich aber in aller Regel im Verlauf der folgenden Wochen wieder zurückbilden.

DIE BRAUNE HUNDEZECKE

Diese eingeschleppte Zeckenart (Rhipicephalus sanguineus) *lebt nur in Gebäuden und Stallungen, bei Temperaturen von 20–30 Grad und bei hoher relativer Luftfeuchtigkeit. Sie ist auf den Hund spezialisiert und kommt äußerst selten auch bei Katzen vor.*
In Deutschland findet man die Braune Hundezecke nur in sehr wenigen Gebieten.
Sie ist Überträger der Babesiose (ein einzelliger Blutparasit), die zu Blutarmut und – im äußersten Fall – auch zum Tod führen kann.

Die Behandlung von Zecken erfolgt vorwiegend über Halsbänder, die über einen längeren Zeitraum einen

Wirkstoff gegen Zecken abgeben *(siehe Bild 24)*. Die Bänder können allerdings auch Allergien oder Kontaktdermatitis im Halsbereich verursachen. Zurzeit gibt es ein neues Präparat auf dem Markt, das als Spot-on-Behandlung einen Schutz vor Zecken für 4–6 Wochen und vor Flöhen bis zu 3 Monaten bieten soll. Die Erfahrungen mit diesem Präparat sind durchaus positiv.

Lassen Sie sich am besten von Ihrem Tierarzt informieren. Er kann Ihnen auch sagen, ob Sie in einem gefährdeten Gebiet leben.

Reisekrankheiten

Urlaub ist für uns alle die schönste Zeit des Jahres. Bei den meisten von Ihnen wird wohl die Frage, ob man den Hund mitnimmt oder doch in eine Hundepension gibt, gar nicht erst aufkommen. Es ist eine Selbstverständlichkeit, auch den Vierbeiner am Urlaub teilhaben zu lassen.

Das beinhaltet aber nicht nur Annehmlichkeiten. Gerade der leicht zu erreichende Mittelmeerraum – mit den Ländern Italien, Spanien, Griechenland, Ungarn und den nordafrikanischen Ländern – birgt nicht nur für uns, sondern auch für Ihren Hund einige Gefahren. Damit meine ich die Möglichkeit der Ansteckung durch häufig auftretende Krankheitserreger. Dies sind vor allem Parasiten oder bakterienähnliche Erreger, die vorwiegend durch Mücken, Zecken oder Sandfliegen übertragen werden. Meist lassen sich diese Erkrankungen schwer erkennen, da die Symptome sehr unspezifisch und die Anzeichen erst einige Zeit nach Abschluss der Reise auftreten können. Aus diesem Grund ist für die meisten Hundebesitzer ein Zusammenhang zwischen Reise und Infektion auch zunächst auch nicht augenscheinlich.

Ich möchte hier nur kurz auf die vier häufigsten Krankheiten eingehen, damit Sie vorsorglich Schutzmaßnahmen ergreifen können.

Dirofilariose (Herzwurm-Erkrankung)

Wie der Name schon sagt, handelt es sich hierbei um eine parasitäre Erkrankung. Die so genannten Herzwürmer setzen sich im Blutgefäßsystem fest, werden bis zu 25 cm lang und halten sich vorwiegend in der rechten Herzkammer sowie in den von hier abgehenden Gefäßen auf. Dabei können die Würmer die Gefäße verstopfen. In der Folge kommt es zu massiven Einschränkungen der Herzfunktion und zu Problemen mit der Atmung. Leistungsabfall und Husten sind die auftretenden Symptome.

Überträger können Sandfliegen oder verschiedene Stechmücken sein, wobei die Larven über die Haut in die Muskulatur und dann in die Blutgefäße einwandern, um sich letztendlich im Herzen festzusetzen.

Zur Behandlung oder Vermeidung der Erkrankung gibt es unterschiedliche Präparate, die dem Hund vor oder während des Urlaubs verabreicht werden können.

Leishmaniose

Leishmanien sind ebenfalls Parasiten. Sie werden durch Sandfliegen übertragen, gelangen erst unter die Haut und breiten sich schließlich durch das Blutgefäßsystem über weitere Organe aus. Die Infektion verursacht sehr unspezifische und teilweise immer wiederkehrende Symptome wie Abgeschlagenheit, Fieberschübe, Abmagerung, Leber- oder Milzschwellung, um nur einige zu nennen. Spezifischer sind jedoch Veränderungen der Haut an der Nase, an den Ohren, die sich über den Rücken bis zu den Gliedmaßen (vor allem den Pfoten und Krallen) weiter ausbreiten können. Hierbei handelt es sich um knotige Veränderungen bis hin zu schlecht oder gar nicht heilenden Hautwunden. Die Behandlung der Erkrankung gestaltet sich oft schwierig. Es gibt verschiedene Behandlungsmöglichkeiten, informieren Sie sich dazu am besten bei Ihrem Tierarzt.

Bei der Leishmaniose besteht, wenn auch selten, die Möglichkeit der Übertragung auf den Menschen durch so genannte Schmutz- oder Schmierinfektionen über Hautwunden. Entsprechende Hygienemaßnahmen sind angebracht, gerade bei Kindern oder älteren und geschwächten Personen.

Ehrlichiose

Die Ehrlichien sind bakterienähnliche Erreger, die durch Zecken übertragen werden. Sie leben in verschiedenen Blutzellen und werden so über das gesamte Blutgefäßsystem und die Organe verbreitet. Sie verursachen Schäden an den Auskleidungen der Arterien und Venen. Allgemeine Symptome wie Fieberschübe, Futterverweigerung, Milzschwellung, Lymphknotenschwellungen, Blutungsneigung (sichtbar an der Haut oder Schleimhaut) sowie Nasen- und Augenausfluss kommen vor.

Für die Behandlung der Ehrlichiose steht dem Tierarzt das Präparat *Imizol* zur Verfügung, das im Abstand von 14 Tagen zweimal verabreicht werden muss.

Babesiose

Die Babesien gehören zu den Einzellern (Parasiten), die ebenfalls durch Zecken übertragen werden, aber im Gegensatz zu den Ehrlichien nur in den roten Blutkörperchen (Erythrozyten) leben und diese zerstören. Der Verlauf einer Babesiose kann sehr unterschiedlich sein, abhängig von der jeweiligen Konstitution des Hundes. Auch hier sind vorwiegend allgemeine Symptome wie Fieberschübe, Schwäche und Abgeschlagenheit, bedingt durch die Blutarmut (Anämie) aufgrund der zerstörten roten Blutkörperchen, Leber- und Milzschwellung, ikterische (gelbsüchtige) Schleimhäute sowie dunkel verfärbter Urin aufgrund der gesteigerten Ausscheidung von Blutfarbstoff (Hämoglobin) durch die Nieren zu beobachten.

Die Behandlung einer Babesiose erfolgt nach ähnlichen Richtlinien wie bei der Ehrlichiose.

Die Diagnose der beschriebenen Erkrankungen erfolgt entweder direkt (Parasiten im Blut, Leishmanien auch in der Haut oder in den Lymphknoten) oder indirekt über Antikörper, die der Organismus des Hundes gegen diesen Erreger gebildet hat. Weitere Informationen gibt Ihnen Ihr Tierarzt. Der beste Schutz für Ihren Hund ist natürlich, wenn Sie ihn erst gar nicht in den Süden mitnehmen. Alternativ bieten sich Maßnahmen zum Schutz gegen Zecken an (s. Seite 121).

Ich möchte an dieser Stelle auch in einer anderen Sache an Sie appellieren: Selbst wenn manche einheimischen Hunde noch so niedlich aussehen und Sie glauben, das Tier hätte es bei Ihnen sehr viel besser, lassen Sie die Hunde dort, wo sie sind. Es werden durch die mittlerweile stark gestiegenen Einfuhren von Hunden aus dem gesamten Mittelmeergebiet auch alle dort vorkommenden Erkrankungen mit nach Deutschland eingeschleppt. Das sollten Sie immer beachten, bei jedem Urlaub, den Sie in Zukunft verbringen werden.

Angeborene Fehlstellung: Hüftgelenksdysplasie

Die Hüftgelenksdysplasie (HD) ist eine angeborene Entwicklungsstörung, die Oberschenkelkopf und Hüftgelenkspfanne betrifft und vorwiegend bei großen und mittelgroßen Hunden auftritt. Es können eine oder beide Hüften sowie Oberschenkelköpfe betroffen sein.

Die Anlage zur HD ist in den ersten Lebensmonaten meist noch nicht zu erkennen, da sich die Veränderungen erst im Laufe von 12–18 Lebensmonaten, also nach Vollendung des Knochenwachstums, mehr oder weniger deutlich ausbilden. Nachgewiesenermaßen ist der Ausprägungsgrad jedoch zusätzlich von einigen Einflüssen abhängig.

Bei großen und demnach schnellwüchsigen Rassen führt z. B. eine eiweiß- und energiereiche Fütterung zu einer stärkeren Ausprägung der HD-Anlage.

Normalerweise umschließt die Hüftgelenkspfanne den Oberschenkelkopf fast bis zur Hälfte, so dass eine gleichmäßige Belastung von Pfanne und Oberschenkelkopf gewährleistet ist *(siehe Bild 27)*.

Bei Hunden mit einer Veranlagung zur HD ist dagegen die Pfanne etwas abgeflacht, sie kann den Oberschenkelkopf nicht ausreichend und gleichmäßig umschließen (das gilt auch für zu kleine oder nicht runde Oberschenkelköpfe) *(siehe Bild 28)*. Die Folge ist eine ungleichmäßige Belastung der Gelenkknorpel von Pfanne und Oberschenkelkopf, die zu Rückbildungsvorgängen an den Knorpelschichten bis hin zum völligen Knorpelschwund führen kann. Entzündliche Veränderungen sowie kleine knöcherne Zubildungen an Gelenkpfanne und Oberschenkelkopf, die zum Teil große Schmerzen bereiten können, sind die Folge. Zusätzliche Belastungen aus der Hinterhand (Springen o. ä.) sowie lange Märsche oder Training können diese Veränderungen noch weiter verschlimmern.

Andererseits wird durch eine gezielte, intensive Belastung die Muskulatur im Bereich des Hüftgelenks gestärkt, so dass diese Anteile der »Beckenstatik« übernimmt und schmerzhafte Prozesse gelindert oder wenigstens hinausgezögert werden.

Für die unterschiedlichen Rassen sind spezielle Untersuchungsprogramme hinsichtlich der HD-Diagnostik erarbeitet worden. Von ihnen hängt ab, ob ein Hund zur Zucht zugelassen wird oder nicht. Doch diese Kriterien greifen meiner Meinung nach kaum. Da sie sich je nach Rasse unterscheiden, werden hier Zugeständnisse an genetische Defekte innerhalb der Rasse gemacht, die es erlauben, Hunde mit »leichter HD« noch zur Zucht zuzulassen.

Die Therapie der HD reicht von konservativen Maßnahmen (Schmerzmedikamente, Anabolikumkuren, Muschelmehlpräparate, Massagen, Bewegungstherapie) bis hin zu chirurgischen (Durchtrennung von Muskeln, die dann zu einer Entlastung des Hüftgelenks führen, künstliche Hüfte) sowie komplizierten korrekturchirurgischen Maßnahmen.

Wenn Medikamente nötig werden

Bevor ich auf die Verabreichung von Medikamenten komme, möchte ich einige grundlegende Bemerkungen machen.

Dosierung

Halten Sie sich stets an die vorgegebenen Dosierungen der Hersteller.

Mehr hilft nicht mehr, weniger hilft in der Regel gar nicht! Geben Sie auch nicht irgendwelche Medikamente ohne vorherige Rücksprache mit Ihrem Tierarzt.

Sollte es Schwierigkeiten bei der Einnahme geben, entwickeln Sie keinen falschen Ehrgeiz, der Tierarzt kann die Medikamente über Injektionen verabreichen.

Zunächst möchte ich einen Beipackzettel zitieren:

Nebenwirkungen

»Der Beipackzettel eines Medikamentes sollte eigentlich die Gebrauchsanweisung dafür sein. Die Lektüre dieses Zettels führt jedoch häufig dazu, dass das Medikament gar nicht gegeben wird. Die Hinweise auf die vielen Schäden und Nebenwirkungen, die nach der Einnahme drohen, verunsichern den Benutzer zutiefst. Man denkt an die vielen Zeitungsmeldungen über gefährliche Nebenwirkungen und würde das Medikament am liebsten zurückgeben. Andererseits ist da aber die tatsächlich vorhandene Krankheit, die geheilt oder gelindert werden soll. Nun muss man wissen, dass aus juristischen Gründen alle möglichen Nebenwirkungen eines Medikamentes in den Beipackzettel aufgenommen werden müssen. Dementsprechend müsste z. B. im Beipackzettel für Schokolade Folgendes stehen:

An Nebenwirkungen sind bekannt geworden: Zahnverfall, Bauchschmerzen, Übelkeit, Verstopfung, Kopfschmerzen und allergische Reaktionen. Bei längerer Einnahme sind Fälle von Übergewicht und Diabetes erwiesen. In diesem Zusammenhang kann die Einnahme zu Bewusstlosigkeit, Schlaganfall, Nierenversagen und Erblindung führen, Todesfälle sind möglich.

Und somit ist – richtig gelesen – alles wieder im rechten Lot. Ihr Tierarzt hatte ja gewichtige Gründe, gerade dieses Medikament zu verschreiben; ihm sollten die Beipackzettel-Notizen bekannt sein.«

Verabreichung von Medikamenten

Werden Ihrem Hund Kapseln, Tabletten oder auch Dragees vom Tierarzt verordnet, so verabreichen Sie diese am einfachsten, indem Sie sie – bei geöffnetem Fang – mit Daumen und Zeigefinger so weit hinten wie möglich auf die Zunge legen und anschließend den Fang schließen *(siehe Bild 29)*. Die Schluckbewegung Ihres Hundes signalisiert Ihnen den Erfolg.

Falls der Hund ausreichend Nahrung zu sich nimmt, können die Medikamente auch – zerkleinert oder unzerkleinert – über das Futter eingenommen werden. Nicht selten kommt es jedoch vor, dass die Hunde die Medikamente wieder ausspucken.

In diesen Fällen können Tabletten in Futterbrocken versteckt werden oder sie werden zerkleinert, in Flüssigkeit aufgelöst und dann in die Backentaschen eingebracht *(siehe Bild 30)*. Ihrer Phantasie sind dabei keine Grenzen gesetzt.

Medikamente in flüssiger Form werden nach dem gleichen Prinzip gegeben, am einfachsten durch Vermischung mit dem Futter, vorausgesetzt der Hund darf fressen. Die Verabreichung von Zäpfchen oder Klistieren bereitet in der Regel keine Schwierigkeiten.

Die lokale Anwendung von Salben oder Cremes kann Probleme mit sich bringen, da Hunde diese häufig ablecken. Es ist daher ratsam, die Salbe kurz vor dem Spaziergang aufzutragen oder, wenn erforderlich, die Stelle mit einem Verband abzudecken.

Zudem sollten die Cremes gründlich einmassiert werden. Denken Sie daran, dass Salben wie auch Cremes auf der Haut nur nach vorheriger Entfernung der Haare wirken.

Medikamente zur Behandlung von Ohrenerkrankungen sind meist in Tuben oder Tropfflaschen mit entsprechendem Aufsatz erhältlich. Diesen können Sie bis zum Ansatz in den äußeren Gehörgang einführen, um dann einige Tropfen des Medikaments einzuträufeln. Massieren Sie anschließend den Gehörgang, um das Medikament zu verteilen *(siehe Bild 31 und 32)*. Vor jeder neuen Gabe sollten Sie die äußere Gehörmuschel mit einem Tuch reinigen oder die Ohren mit einem Flüssigohrreiniger behandeln. Die eigentliche Ohrensalbe wird dann ca. 30 Minuten später verabreicht. Verwenden Sie zur Reinigung der Ohren niemals Wattestäbchen (Q-Tips o. ä.). Sie stopfen damit das Sekret nur noch tiefer in den Gehörgang und verschlimmern die gesamte Situation.

Die Verabreichung von Augentropfen oder -salben gelingt Ihnen am besten, wenn der Kopf des Hundes bzw. seine Nase leicht nach oben geneigt ist. Mit Daumen und Zeigefinger einer Hand können nun Ober- und Unterlid gespreizt werden, um einen Tropfen bzw. einen kleinen Salbenstrang – ohne das Auge (Hornhaut) zu berühren – in den unteren Bindehautsack einzuträufeln.

Grundsätzlich sollte jede Verabreichung von Medikamenten mit einer kleinen Belohnung verbunden werden.

Fortpflanzung

Trächtigkeit und Geburt

In diesem Kapitel werde ich Ihnen einen kurzen Abriss über den Zyklus der Hündin sowie die Geburt und mutterlose Welpenaufzucht geben. Auch Themen wie Geburtshilfe, Geburtsstörungen, idealer Deckzeitpunkt und Deckstörungen werden beschrieben.

Läufigkeit

Voraussetzung für eine Trächtigkeit ist natürlich, dass die Hündin erst einmal läufig (geschlechtsreif) geworden ist, was im Allgemeinen im Alter von 7–13 Monaten zum erstenmal der Fall ist. Die erste Läufigkeit wird von den Besitzern häufig gar nicht wahrgenommen, sondern meist erst die zweite.

In der Regel ist eine Hündin 3 Wochen läufig, man sagt: Eine Woche kommt die Läufigkeit, eine Woche bleibt sie, eine Woche geht sie.

Hündinnen werden zweimal pro Jahr läufig, es gibt aber auch Rassen, die aufgrund ihrer ursprünglichen Herkunft nur einmal im Jahr läufig werden, z. B. bestimmte Laika-Rassen aus Russland.

Die Steuerung der Läufigkeit geschieht durch ein intensives Zusammenspiel von geschlechtsspezifischen Hormonen (Gonadotropinen) aus der Hirnanhangsdrüse (Hypophyse) und den Geschlechtshormonen (Östrogen, Progesteron) aus den Eierstöcken (Ovarien). Dieses Zusammenspiel bewirkt ein immer wiederkehrendes Zyklusgeschehen, wobei der Zyklus – abhängig vom Alter der Hündin – anfänglich noch unregelmäßig ist, sich dann stabilisiert, um im fortgeschrittenen Alter wieder in Dauer und Ablauf zu variieren.

Der normale Zyklus lässt sich in vier Phasen einteilen: Man unterscheidet das Vorbereitungsstadium (Proöstrus) vom Eisprungstadium (Östrus), gefolgt vom Nachbrunststadium (Metöstrus), das in das brunstlose Stadium (Anöstrus) übergeht.

Diese vier Stadien sind allesamt durch Veränderungen an den äußeren und inneren Genitalien, durch den jeweiligen Hormonstatus sowie durch das Verhalten der Hündin gegenüber dem Rüden zu erkennen.

Beim Vorbereitungsstadium, Dauer ca. 7–18 Tage, ist die Scham (Vulva) geschwollen, man sieht einen mehr oder weniger blutigen Ausfluss, der nach und nach aufhellt und fleischfarben wird. Die gesamte Genitalschleimhaut ist gut durchblutet (ödematisiert), rosarot und leicht gefältelt. An den Eierstöcken beginnt das Wachstum der Eifollikel. Es besteht keine Deckbereitschaft.

Dieses Stadium geht nahtlos über in das Eisprungstadium, Dauer ca. 6–14 Tage, bei dem die Schwellung der Scham nun voll ausgebildet ist und der Scheidenausfluss nachlässt.

In den letzten zwei Tagen des Vorbereitungsstadiums bzw. vom ersten bis zum vierten Tag des Eisprungstadiums kommt es dann zur Eifreisetzung (Ovulation) und beginnenden Gelbkörperbildung. Zu diesem Zeitpunkt besteht Deckbereitschaft.

Wird die Hündin nicht gedeckt, folgt nun das Nachbrunststadium, Dauer zwischen 60 und 140 Tagen (in der Literatur finden sich hier immer wieder unterschiedliche Zeitangaben), in dem die Läufigkeitserscheinungen abklingen. Das Verhalten der Hündin normalisiert sich. Am Eierstock hat sich nun der Gelbkörper voll ausgebildet.

Die nun folgende Geschlechtsruhe der Hündin – äußere und innere Genitalien ohne Veränderungen, mit einer normal durchbluteten Genitalschleimhaut – bezeichnet man als brunstloses Stadium. Es kann bis zu 90 Tagen dauern, wobei ein Ansteigen des Östrogenspiegels etwas zur Mitte dieses Stadiums wieder einen neuen Zyklus vorbereitet.

Mit der ersten Läufigkeit ist die Hündin nicht zugleich zuchtreif. Der Beginn einer möglichen Zucht ist vielmehr rasseabhängig und wird meist im Alter von 18–24 Monaten erreicht. Grundsätzlich sollten Hündinnen erst nach der zweiten Läufigkeit gedeckt werden.

Die Trächtigkeit dauert im Allgemeinen 63 Tage. Es können aber vom 58. Tag bis zum 70. Tag ohne Hilfeleistung lebensfähige Welpen geboren werden.

Scheinträchtigkeit

Wird die Hündin nach dem Decken nicht trächtig, kommt es nach einiger Zeit zur so genannten Scheinträchtigkeit, die von geringer Sekretbildung im Gesäuge bis hin zu massiven Verhaltensänderungen begleitet sein kann.

Die Symptome einer Scheinträchtigkeit können wie eine normale Trächtigkeit etwa 63 Tage bestehen. Nachgewiesenermaßen verstärken sie sich von Zyklus zu Zyklus.

Die Therapie richtet sich nach der Ausprägung der Scheinträchtigkeit, wobei leichte Formen und nur geringere Veränderungen behandelt werden, indem man die Hündin einfach ablenkt.

Sind die Erscheinungen gravierender, das heißt treten Verhaltensänderungen in Richtung Aggressivität und Apathie in Verbindung mit einer starken Sekretansammlung im Gesäuge auf, müssen von Ihrem Tierarzt Medikamente verabreicht werden, die diese Symptome wieder zurückdrängen (es gibt mittlerweile unterschiedliche Präparate auf dem Markt). Die ultimative Therapie bzw. das Vorbeugen einer Scheinträchtigkeit erreicht man jedoch nur durch eine Kastration der Hündin (s. Seite 148).

Der richtige Decktermin

Der optimale Decktermin liegt sehr nah am Zeitpunkt des Eisprungs; die Eizellen müssen innerhalb von 24–60 Stunden nach dem Eisprung von befruchtungsfähigen Samen erreicht werden. Ist das nicht der Fall, bleibt die Hündin leer. Den richtigen Deckzeitpunkt wählt man am besten, indem man die Hündin zwischen dem 9. und dem 12. Tag der Läufigkeit mit einem Rüden zusammenbringt, um ihre Deckbereitschaft zu testen. Zeigt sich die Hündin interessiert – das heißt, sie bleibt stehen, lässt sich bereitwillig beschnuppern und legt den Schwanz zur Seite –, kann sie nach weiteren 2–4 Tagen mit dem Deckrüden zusammengebracht werden. Mehrfaches Belegen steigert dabei die Chance auf Nachwuchs. Die Befruchtung selbst findet ausschließlich im Eierstock oder im Eileiter statt, niemals in der Gebärmutter, da die Eizellen maximal 24 Stunden befruchtungsfähig sind, die Wanderung zur Gebärmutter aber zwischen 11 und 16 Tage dauert.

Trächtigkeit

Nach der dritten Trächtigkeitswoche können bereits einzelne Fruchtampullen vom Tierarzt ertastet werden, ab dem 28. Tag ist im Allgemeinen die Trächtigkeit per Ultraschall zu sehen, ab der siebten Woche wird sie

offensichtlich: zunehmender Bauchumfang, Gesäuge-
ausbildung, Bewegungen der Föten, Kalkeinlagerungen
im Skelett. Ab dem 42. Tag kann sie röntgenologisch bestätigt werden (das Röntgen schadet weder der Mutter
noch den Welpen).

Eine normale Geburt kündigt sich durch die Schwellung des äußeren Genitals, die Ausweitung des Damms
sowie die Aktivierung der Milchleisten an. Kurz vor der
anstehenden Geburt wird die Hündin unruhig, manchmal auch gereizt, sie hechelt, beginnt mit dem Nestbau,
verweigert ihr Futter und ihre Körpertemperatur sinkt
einen Tag vor der Geburt auf 37 Grad Celsius ab.

Geburt

Die Geburt vollzieht sich in drei Phasen: In der Eröffnungsphase geht für 2–12 Stunden dünnflüssiger so
genannter Trächtigkeitsschleim ab. Der weiche Geburtsweg ist eröffnet, eine leichte Wehentätigkeit zu erkennen. In dieser Phase benötigt die Hündin absolute
Ruhe. Manuelle oder medikamentöse Versuche, die Geburt zu beschleunigen, können diese stören und im
Gegenteil eine Schnittentbindung (»Kaiserschnitt«) notwendig machen. Wenn sich die Wehentätigkeit steigert,
die Wehen kräftiger und regelmäßiger werden (Press-
wehen), beginnt die Austreibungsphase. Die Austrei-
bung des ersten Welpen dauert etwas länger, er hat
Wegbereiterfunktion.

Bevor Sie den ersten Welpen sehen, erscheint die Allantoisblase (embryonaler Harnsack), die eine klare, milchig-bläulich-weiße Flüssigkeit enthält: die Allantoisflüssigkeit (Endprodukte des fötalen Stoffwechsels). Sie kann bei den nachfolgenden Welpen auch grünlich-rötlich sein.

Normalerweise werden die Welpen in Kopf- oder Hinterendlage geboren, wobei sie sich noch in der Eihülle (Amnionsack) befinden und nur über die Nabelschnur mit der Mutter verbunden sind. Die Hündin beißt bei der Geburt die Eihülle auf, befreit somit den Welpen, beleckt ihn und beißt zum Schluss die Nabelschnur durch. Nach der Geburt jedes Welpen geht die dazugehörige Nachgeburt ab, die von der Hündin aufgefressen wird. Ist ein Welpe zur Welt gekommen, tritt eine Pause von 10–40 Minuten ein. Gegen Ende der Geburt werden diese Pausen länger, sie sollten aber nicht länger als 3–4 Stunden sein.

Der normale Geburtsablauf dauert zwischen 6 und 20 Stunden, wobei er sich bei älteren Hündinnen sowie bei Hündinnen mit größeren Würfen durchaus auch noch länger hinziehen kann.

Ist die Geburt ohne große Komplikationen abgelaufen, gelangt die Hündin in die Phase des Nachgeburtsstadiums (Puerperium). In dieser Zeit bilden sich die weiblichen Fortpflanzungsorgane zurück. Diese Phase beginnt mit dem Austreiben des ersten Welpen und dauert bis zur vollständigen Wiederherstellung des nichtträchtigen Normalzustands an (3–5 Wochen).

In den ersten 2–3 Wochen sehen Sie noch Ausfluss (Lochialfluss) – anfänglich geruchlos, schwarz-grün,

flüssig mit kleinen Gewebeteilen, später schleimig, röt-
lich-braun bis rötlich-weiß. Es handelt sich dabei um
Fruchtwasser, Schleim und zellige Bestandteile.

Unterbleiben die beschriebenen Rückbildungsvor-
gänge, kann es zu Nachgeburtsblutungen, danach auch
zu massiven Infektionen und Vergiftungen des Mutter-
tiers kommen. Der Abgang der Föten und/oder der
Nachgeburt kann behindert sein, in der Folge bilden
sich mumifizierte Föten.

In den meisten Fällen ist der Ausfluss dann übelrie-
chend, schwarz-braun bis gelblich, das Allgemeinbefinden der Hündin ist schlecht, es kommt zu Fieberschü-
ben, Erbrechen, Fressunlust, die Milch schießt nicht
genügend ein (Agalaktie) – die Gesäugekomplexe können infiziert sein und so eine Infektionsgefahr für die
saugenden Welpen darstellen –, Herz- und Kreislauf-
störungen sind die Folge.

Die Therapie richtet sich nach den entsprechenden
Ursachen und Symptomen und reicht von einer Infu-
sionsbehandlung mit Antibiotika, Glukokortikoiden,
Kalzium-/Magnesium-Lösungen bis hin zum chirurgischen Eingriff durch den Tierarzt.

Aufzucht ohne Mutter

Sind die Welpen erst einmal geboren, können Sie einige
Untersuchungen und Erstversorgungen durchführen.
Stellen Sie zunächst die Lebensfähigkeit sicher. Hierzu

gehört auch die Sicherung der Atmung (s. Seite 54). Entfernen Sie den Geburtsschleim aus dem Fang und den oberen Atemwegen. Dazu wird der Welpe in ein Handtuch gehüllt, in diesem mit dem Kopf nach unten bewegt, um so die Reste des Schleims zu entfernen.

In sehr schwierigen Situationen kann es notwendig werden, den Schleim mit Hilfe eines Schlauchs oder mit Spritzen abzusaugen; dies sollten jedoch nur Personen übernehmen, die die notwendige Erfahrung besitzen.

Eine weitere Aufgabe besteht darin zu beurteilen, inwieweit Krankheiten oder Missbildungen vorhanden sind, wobei Ihre Aufmerksamkeit sicherlich auf letzteren Punkt zu richten ist. Hiermit sind Missbildungen an den Gliedmaßen, am Körperstamm (offener Bauch, freiliegende Wirbelsäule oder ähnliche gravierende Veränderungen), an den Lefzen oder im Fangbereich (Gaumenspalte) gemeint. Zur Beurteilung der Vitalität müssen Sie darauf achten, ob es bei den Welpen zu »Kopfpendeln« oder »Milchtritt« kommt.

In den nächsten Tagen sollten Sie die Körpertemperatur der Welpen regelmäßig kontrollieren (sie sinkt meist von anfänglich 37 Grad auf 35 Grad ab, um dann in den ersten Lebenswochen wieder auf 38 Grad anzusteigen).

Einen weiteren Anhaltspunkt für die gute Vitalität bietet die Kontrolle des Körpergewichts. Das Gewicht sollte sich innerhalb der ersten 10 Lebenstage verdoppeln. Mit Erreichen des 10.–12. Lebenstages öffnen sich dann auch erstmals die Augen und Ohren Ihres neuen Mitbewohners.

Auf Krankheiten des Saugwelpen (bis zur 4. Lebenswoche) möchte ich hier nur kurz eingehen. Normalerweise haben Welpen – vorausgesetzt das Muttertier wurde regelmäßig geimpft – einen Schutz vor Viruserkrankungen durch die Mutter, der ab der 6. Lebenswoche langsam nachlässt. Trotzdem kann es durch einen sehr hohen Infektionsdruck, das heißt eine sehr hohe Belastung mit Bakterien – Staphylokokken, Streptokokken, Coliformen Keimen (allesamt sog. Schmutzkeime) – sowie in selteneren Fällen mit Viren – Parvovirus, Herpesvirus, Calicivirus – zu schweren Infektionen des Darms, des Herzens, der Lunge inkl. der oberen Atemwege, der Zunge und Maulschleimhaut sowie der Augenbindehäute mit Todesfolge kommen. Auch ein versehentliches Schlucken von Fruchtschleim oder Fruchtwasser sowie Geburtsverletzungen und Missbildungen führen nicht selten zum Tod des Welpen.

Die Welpen sollten bis zur 6. Lebenswoche nicht von der Mutter getrennt werden. Müssen sie jedoch ohne sie aufgezogen werden, da diese bei der Geburt gestorben ist oder aufgrund von Nachgeburtsstörungen, Entzündungen der Milchdrüsen oder gestörten Nestverhaltens nicht zur Verfügung steht, brauchen die jungen Hunde viel Zeit und Zuwendung. Als Hundebesitzer müssen Sie versuchen, den Welpen Kolostralmilch (erste Milch der Hündin mit sehr hohem Antikörpergehalt) zukommen zu lassen, auch wenn es nur geringe Mengen sind *(siehe Bild 33)*. Sie müssen zusätzlich durch Massage der Analgegend sowie der Vorhaut (Präputium) und der Scheide (Vulva) den Abgang des »Darmpechs« vorantreiben. Die Fütterung ist in den ersten 1–2 Tagen schwierig, da die Welpen sowohl Sauger als auch Ersatzmilch nicht gerne annehmen. Versuchen Sie, die Ersatzmilch in eine Einmalspritze zu füllen und dann kleine Milchmengen auf die Zunge des Welpen zu geben.

Wichtig ist, den Welpen waagrecht zu füttern, damit er sich nicht verschlucken kann oder die Nahrung in die Luftröhre bekommt. Er muss bis zu einem Alter von 3–4 Wochen alle 2 Stunden gefüttert werden, danach können Sie auf eine nächtliche Fütterung verzichten.

Nach jeder Fütterung sollten Sie auf Kot- und Harnabsatz achten. Ab der 5.–6. Lebenswoche kann schon festere Nahrung zugefüttert werden (Kuhmilch mit Flocken, Hack- oder Geflügelfleisch). Ab der 6.–7. Lebenswoche können Sie problemlos Welpenkost füttern.

Die Temperatur im Nest sollte anfänglich 30 Grad betragen, aber auch später nicht niedriger als 24 Grad sein, da die Welpen sonst austrocknen können: Das Tier verweigert die Nahrung und stirbt schließlich durch Kreislaufversagen oder meist durch eine Unterzuckerung (Hypoglykämie).

Zwei Begriffe möchte ich in diesem Zusammenhang noch erwähnen: das »Welpenwimmern« als Ausdruck eines Milchmangels oder einer möglichen Infektion sowie das »Welpenschreien«, das auch als toxisches Milchsyndrom bezeichnet wird und als Symptome eine Aufblähung des Bauchs, Schmerzen oder Wasseransammlung am Darmausgang (Ödem) hat.

Wenn die genannten Punkte sorgfältig und konsequent ausgeführt werden, steht einem gesunden und hoffentlich langen Leben Ihrer neuen Mitbewohner nichts im Weg.

Im Folgenden möchte ich noch auf einige interessante Punkte zum Thema Geburtsstörungen und Geburtshilfe zu sprechen kommen. Zunächst stellt sich die Frage, wann eine Geburtsstörung vorliegt. Ist der Geburtsweg – wir unterscheiden den knöchernen Geburtsweg, also das Becken, und den weichen Geburtsweg, das heißt Muttermund, Scheide und Scham – noch geschlossen und das Allgemeinbefinden der Hündin ungestört, sollte der spontane Geburtseintritt abgewartet werden. Ist hingegen der in der Regel weiche Geburtsweg eröffnet und das Allgemeinbefinden der Hündin schlecht, liegt eine akute Geburtsstörung vor, die jetzt eingehender abgeklärt werden sollte.

Dabei unterscheiden wir zwischen den vom Muttertier bzw. vom Welpen ausgehenden Geburtsstörungen. Beim Muttertier kann eine so genannte primäre Wehenschwäche vorliegen, d. h. der Geburtsweg ist eröffnet, bei Geburtsbeginn besteht jedoch keine oder nur eine schwache Wehentätigkeit, so dass kein Welpe geboren werden kann.

Die Ursachen hierfür sind sehr vielfältig: Konstitutionsschwäche (Bewegungsmangel, Bauchmuskelschwäche), Gebärmutterüberladung oder Gebärmutterverletzung, Stoffwechselstörungen (gerade Kalzium und Glukose sind für eine ausreichende Kontraktion der Muskulatur nötig), hormonelle Fehlsteuerung, Dauerkontraktion der Muskulatur durch Wehenmittelgabe oder eine veränderte Umgebung, um nur einige zu nennen.

Von einer sekundären Wehenschwäche spricht man bei zunächst normaler Wehentätigkeit, die dann in Verbindung mit längeren Erholungsphasen nach und nach schwächer wird.

Neben den schon genannten Ursachen kann noch ein zu enger knöcherner (durch alte Beckenfrakturen, zu frühzeitige Zuchtverwendung von Junghündinnen, Becken im Verhältnis zur Welpengröße zu eng – gerade bei den »Apfelkopfrassen« wie Chihuahua oder Yorkshire Terrier) oder weicher Geburtsweg (mangelhafte Eröffnung, Ausweitung, alte Narbenstrikturen, Scheidenspangen, zu enger Vulvaschlitz) der Auslöser sein.

Vom Welpen oder Fötus ausgehende Geburtsstörungen können eine fehlerhafte Haltung (Querlage), Missbildungen, tote oder aufgegaste Feten sowie viel zu große Welpen sein.

In all den genannten Fällen von Geburtsstörungen muss Geburtshilfe geleistet werden. Dabei unterscheiden wir zwischen manueller, medikamentöser, instrumenteller und chirurgischer Geburtshilfe, wobei die instrumentelle Hilfe mittels Zangen oder Haken heutzutage überholt sein sollte.

Voraussetzung für ein manuelles Eingreifen: Der Welpe muss bereits in den Geburtsweg eingetreten und somit von außen erreichbar sein. Eine ungünstige Lage kann so korrigiert werden. Unter Erhaltung der Gleitfähigkeit durch Fruchtwasserersatz sollte jedoch nur während der Wehen gezogen werden.

Die medikamentöse Hilfe erfolgt hauptsächlich durch den Einsatz des Hormons Oxytocin aus der Hirnanhangsdrüse (Hypophyse). Dabei ist die Indikation genau festgelegt. Wehenmittel können keine Geburtshindernisse überwinden, dies hat der Geburtshelfer zu erledigen; zudem ist der Einsatz bei noch geschlossenem Geburtsweg sowie bei bereits schlechtem Allgemeinbefinden der Hündin nicht angebracht.

Sind die Geburtsvorbereitungen der Hündin angelaufen und kommt die Geburt nicht in Gang, so hat ein chirurgisches Eingreifen Vorrang vor allen anderen Maßnahmen. Darunter verstehen wir die Schnittentbindung (Sectio caesarea) sowie den Dammschnitt (Episiotomie) – je nach Lage der Welpen.

Kastration der Hündin

Hündinnen werden zahlenmäßig weitaus öfter kastriert als Rüden, da die Kastration hier eine Vielzahl von Vorteilen mit sich bringt. Der häufigste Grund ist freilich, die Läufigkeit mit all ihren Symptomen zu verhindern (Verhaltensänderungen, Ausfluss aus der Scheide sowie unliebsame Besucher aus der Nachbarschaft). Außerdem ist es die sicherste Methode, um Trächtigkeiten, Scheinträchtigkeiten, aber auch Gebärmutterveränderungen sowie Gesäugetumoren im Alter zu verhindern.

Nachgewiesenermaßen ist für Hündinnen, die nach der ersten oder der zweiten Läufigkeit kastriert werden, das Risiko eines Gesäugetumors nahezu null.

Sterilisation

Man unterscheidet bei dem Eingriff zwischen Kastration und Sterilisation. Bei einer Kastration werden die Keimdrüsen des weiblichen Tieres, also die Eierstöcke (beim männlichen Tier die Hoden) entfernt. Bei einer Sterilisation wird lediglich der Eileiter (beim Rüden der Samenleiter) unterbrochen.

Die Pille für die Hündin

Bei Hündinnen, die an Ausstellungen oder an Rennen (z. B. Windhunde) teilnehmen und zur Zucht verwendet werden sollen, kann die Läufigkeit auch durch eine Hormoninjektion beeinflusst werden. Sie verhindert die mit der Läufigkeit zu erwartenden unerwünschten Komplikationen durch Rüden. Wiederholte Injektionen erfolgen dann in Abständen von 4–5 Monaten. Die Hormone sollten jedoch auf keinen Fall langfristig eingesetzt werden, da die Gefahr von Gebärmutterentzündungen sowie Gesäugetumoren im Alter dadurch nachweislich ansteigt. Aus diesem Grund sollte nur nach strenger Indikation vorgegangen werden. Lassen Sie sich von Ihrem Tierarzt beraten.

Bei der Kastration weiblicher Tiere kann man eine Ovarektomie (nur die Eierstöcke werden entfernt) oder eine

Ovarhysterektomie (Eierstöcke und Gebärmutter werden entfernt) vornehmen. Für mich persönlich sind das Alter der Hündin sowie der Zustand der Gebärmutter entscheidend. Bei jungen Hündinnen mit gesunder Gebärmutter plädiere ich für die Ovarektomie.

Amerikanische Kastration

Unter der Amerikanischen Methode versteht man die Kastration schon vor der ersten Läufigkeit. Für mich erlangt die Hündin jedoch durch die Geschlechtsreife auch eine gewisse körperliche Reife. Ein derartiger Eingriff in den Hormonhaushalt, wie sie eine Kastration schließlich darstellt, sollte aus diesem Grund erst 4–5 Wochen nach der ersten Läufigkeit gemacht werden.

ENDOSKOPIE IN DER TIERMEDIZIN

Auch in der Tiermedizin findet die Endoskopie immer häufiger Verwendung. Dabei werden – unter hohem apparativem Aufwand – Instrumente eingeführt, mit denen die Eierstöcke durch die Bauchdecke entfernt werden. Der Arzt vollzieht die Operation mit Hilfe eines Endoskops, die Vorgänge werden auf einen Bildschirm übertragen. Ich persönlich halte diese sicherlich elegante Methode bei einer Kastration für absolut überflüssig. Sie ist zeitaufwän-

diger, kostenintensiver und benötigt zudem mehr Perso-
nal. Auch die angeblich kleineren Schnitte von 3 x 2 cm
stellen für mich kein durchschlagendes Argument dar,
zumal die Schnittlänge bei den von mir durchgeführten
Kastrationen nicht länger als 4–5 cm ist.

....

Bei der Operation wird unter Vollnarkose im Bereich
des Nabels ein Schnitt von 4–5 cm Länge auf der
Bauchdecke durchgeführt. Die Eierstöcke werden – unter Zerreißung der Eierstockbänder – durch die Bauch-
deckenöffnung vorgelagert und durch eine entsprechende Naht zunächst unterbrochen und schließlich
entfernt. Anschließend wird die Bauchdecke wieder
genäht, die Fäden werden im Allgemeinen nach 10 Tagen gezogen.

Neben den vielen Vorteilen gibt es natürlich auch einige Nachteile bei der Kastration von Hündinnen. Eine
der gravierendsten Nebenwirkungen ist das Harnträufeln, das bei allen behandelten Tieren früher oder später
auftreten kann. Beim Boxer tritt es sehr häufig auf. Dieses Harnträufeln lässt sich im Allgemeinen gut behandeln, u. a. werden Östrogenpräparate aus der Human-
medizin eingesetzt, wobei jedoch auf eine genaue
Dosierung zu achten ist.

Eine Nebenwirkung, die besonders bei Hunden mit
längerem Fell (Langhaardackel, Setter, Cockerspaniel
u. a.) einige Monate nach der Operation beobachtet
wird, ist die Veränderung des Fells. Es wird flauschiger,
etwas dünner, ähnlich dem Welpenfell.

Schließlich kann eine kastrierte Hündin Probleme mit dem Körpergewicht bekommen. Sie beugen dem jedoch vor, indem Sie die Futtermenge reduzieren und für ausreichend Bewegung und Abwechslung sorgen.

Kastration des Rüden

Rüden werden nicht so häufig kastriert wie Hündinnen, da bei einem nicht kastrierten Rüden weniger Nachteile im Alter auftreten als bei Hündinnen, die nicht operiert wurden. Der häufigste Grund für den Eingriff beim männlichen Hund liegt in einem stark gesteigerten aggressiven Verhalten gegenüber anderen Rüden. Daneben sollen übermäßiges Streunen, Markieren und ein starker Sexualtrieb des Hundes eingeschränkt werden.

Eine vermehrt auftretende Aggressivität gegenüber Personen wird durch die Kastration allerdings nur sehr selten verhindert.

Bei Veränderungen der Hoden (hochgradige Verletzungen oder Tumoren) wird zusätzlich der gesamte Hodensack mit entfernt.

Auch bei einem Rüden sind Nebenwirkungen zu erwarten. So wird er auf jeden Fall sein Verhalten gegenüber anderen Hunden verändern, was ja auch durchaus wünschenswert sein mag. Außerdem werden typische Alterserscheinungen (Vergrößerung der Prostata sowie

Tumore im Bereich der Analgegend) aufgrund einer frühzeitigen Kastration verhindert. Die Gefahr der Verfettung ist nicht so groß wie bei Hündinnen, wobei jedoch auch hier gilt: Bei entsprechender Bewegung und reduziertem Futterangebot kann eine Gewichtszunahme verhindert werden.

Die sehr häufig bestehende Angst der Hundebesitzer, dass ihr Rüde nach einer Kastration aggressiver werden könnte, ist unbegründet.

Die hormonelle Kastration bietet eine durchaus überlegenswerte Alternative zum irreversiblen chirurgischen Eingriff. Dabei werden Hormone verabreicht, die den männlichen Geschlechtshormonen entgegenwirken und diese somit in ihrer Wirkung hemmen.

Eine Therapie mit Hormonen kann eingesetzt werden, um vorübergehende Verhaltensänderungen zu verhindern (destruktives Verhalten, vermehrtes Streunen, Markieren und Drohverhalten bei vorübergehendem Aufenthalt von läufigen Hündinnen). Im Allgemeinen hält die Wirkung einer hormonellen Kastration 3–5 Monate lang an.

Präputialkatarrh beim Rüden

Das häufige – und für den Besitzer unangenehme – Absetzen von weißen bis gelblich-weißen Sekrettropfen aus der Vorhaut des Hundes (Präputialkatarrh) ist bei nicht kastrierten Hunden völlig normal. Es ist eine Vorbereitung auf einen möglichen Deckakt und handelt sich nicht um

Eiter! Manche Tierärzte lassen dieses Sekret im Labor auf Bakterien untersuchen. Ich halte das für absolut nicht erforderlich. Vorteilhafter wäre es, die Besitzer besser aufzuklären.

Wenn die Sekretbildung sehr stark ist, kann eine Spülung der Vorhaut mit milden desinfizierenden Lösungen vorgenommen werden; in aller Regel tritt allerdings eine erneute und vermehrte Sekretansammlung nach 2–3 Wochen auf.

In einigen Ausnahmefällen, z. B. bei Verletzungen der Vorhaut, kann es zu entzündlichen Veränderungen kommen (eventuell auch mit Eiteransammlungen). In diesen Fällen treten aber gleichzeitig Rötungen, Schwellungen und Schmerzen im gesamten Vorhautbereich auf.

Abhilfe dieser für den Besitzer unangenehmen Symptome beim Rüden schafft eine Kastration.

Operation

Die chirurgische Kastration wird immer unter Vollnarkose durchgeführt. Ein kleiner Hautschnitt im Bereich neben und hinter dem Penisknochen von 2–3 cm Länge reicht meistens aus, um den Hoden vorzulagern. Der komplette Samenstrang wird daraufhin mit Nahtmaterial abgebunden und durchtrennt; danach wird die Wunde verschlossen. Die Fäden werden in der Regel nach 10 Tagen gezogen. Nach der Kastration muss der

Hund eine Halskrause tragen, damit er nicht an der Wunde leckt.

Wann ist die Kastration aus medizinischen Gründen angebracht?

Medizinische Indikationen für eine Kastration sind u. a.

- *Hodentumor*
- *verlagerte Hoden (Leistenspalt, Bauchhöhle), bei denen die Gefahr besteht, dass sie nach Jahren tumorös entarten können,*
- *schwere Verletzungen an den Hoden bzw. am Hodensack, Tumore im Bereich der Analgegend (sie werden durch im Hoden produzierte Hormone im Wachstum beeinflusst)*
- *Prostata-Erkrankungen (auch die Prostata steht unter dem hormonellen Einfluss der Hodenhormone)*
- *akut auftretende Drehungen (Torsion) des Hodens.*

Bei der Kastration eines Rüden sollten Vor- und Nachteile dieses Eingriffs genau gegeneinander abgewogen werden.

Bedenken Sie, dass Verhaltensstörungen oft auf eine falsche Haltung zurückzuführen sind und sich durch eine Kastration nicht verändern werden. In diesem Fall ist nur der Hund der Leidtragende.

Anhang

Wichtige Adressen für Tierfreunde

Deutscher
Tierschutzbund e.V.
Baumschulallee 15
53115 Bonn
Telefon: +49-0-2 28/60 49 60

Interessengemeinschaft
Deutscher Hundehalter e.V.
Auguststr. 5
22085 Hamburg
Telefon: +49-0-40/45 47 61

Vereinigung
Deutscher
Haushüter-Agenturen
(VDHA)
Feldkamp 4
48165 Münster
Telefon: +49-0-25 01/71 71

**Registrierung von Haus-
tieren:**
Deutsches Haustierregister
Baumschulallee 15
53115 Bonn
Telefon: +49-0-1 80/5 23 14 14
Tasso Haustierzentralregister
für die BRD e.V.
Frankfurter Str. 20
65795 Hattersheim
Telefon: +49-0-61 90/93 22 14

**Im Ausland tätige Mitglieds-
vereine des Deutschen Tier-
schutzbundes:**

Bulgarien
Tierhilfe Bulgarien
Frau Heike Hildebrand
Aschaffenburger Str. 70
63500 Seligenstadt
Telefon: +49-0-61 82/16 77
Tierhilfe Süden
Komitee zur Rettung herren-
loser Tiere im Süden e.V.
Frau Renate Bergander
Konradstr. 12
80801 München
Telefon: +49-0-89/39 77 22

Griechenland/Kreta
Arche Noah Kreta
Animal Shelter
Frau Silke Wrobel
Chorafakia
P.O. Box Hania 241
GR-Hania
Telefon: +30-0-8 21/6 61 46

Italien
Lega pro Animale
Frau Dorothea Friz
Via Mario Tommaso
I-81030 Castelvolturno (CE)
Telefon: +39-0-8 23/85 95 52

Italien/Südtirol
Südtiroler Tierschutzring
Herr Plinio Galetto
Dalmatienstr. 23
I-39100 Bozen
Telefon: +39-0-4 71/91 65 18

Kroatien
Noina Arka
Hrvatska Udruga Zastitnika
Zivotinja
Frau Helene Fink
Bukovacka 220
HR-41000 Zagreb
Telefon: +3 85-0-1/22 96 63

Portugal
Associacão dos Amigos dos
Animais Abandonados
A.A.A.A Canil de São
Francisco de Assis
Frau Lieselotte Clauberg-
Kranendonk
Campia de Baixo
P-8100 Loulé
Telefon: +3 51-0-2 89/
41 68 62

Spanien
S.A.T. Sociedad Protectora
Para Animales De Torrevieja
Frau Gisela Dickershoff
Calle Ramon Campoamor
512 A/24
Los Balcones
E-03186 Torrevieja/Alicante
Telefon: +34-0-9 66 72/28 07

Spanien/Fuerteventura
Tierhilfe Fuerteventura
Frau Rosemarie Dammann
Dickstr. 10
53773 Hennef
Telefon: +49-0-22 42/86 74 82

Spanien/Malaga
Sociedad Protector de
Animales
»Pro Animales«
Herr Rainer Driewer
Lista de Correos
E-29788 Frigiliana/Malaga
Telefon: +34/9 52 03 07 99

Spanien/Mallorca
Tierhilfe Mallorca e.V.
Fundacion Arche Noah
Frau Helga Knies
Calle Pedro Seriol 22
E-07150 Son Curt/Andratx
Telefon: +34-0-9 71/23 54 77

Spanien/Teneriffa
Arche Noah Teneriffa
Frau Ute Lobüscher
Obergasse 10
64625 Bensheim
Telefon: +49-0-62 51/6 61 17

Spanien/Teneriffa
»Amorayna« Asociacion
Protectora de Animales y la
Naturaleza de la Villa de la
Orotava
Apartado postal 101
E-38300 La Orotava

Zypern
Tierhilfe Zypern e.V.
Frau Birgit Schworm
Magdalenenstr. 25
45475 Mülheim/Ruhr
Telefon: +49-0-2 08/7 51 06 38

Grenzformalitäten und

Land	Schutzimpfung Tollwut	Späteste Impfung vor Abreise
Belgien	Vom Tierarzt bestätigt [1]	1 Monat
Bulgarien	Vom Tierarzt bestätigt [1]	1 Monat
Dänemark [16, 17]	Vom Tierarzt bestätigt [1]	1 Monat [9]
Estland [11]	Vom Tierarzt bestätigt [1]	1 Monat
Finnland	Vom Tierarzt bestätigt [1]	1 Monat [12]
Frankreich [2, 13, 18]	Vom Tierarzt bestätigt [1]	1 Monat
Griechenland	Vom Tierarzt bestätigt [1]	15 Tage
Großbritannien [20]	siehe »Einreise nach Großbritannien«	
Irland	6 Monate Quarantäne und Einfuhrgenehmigung sind erforderlich.	
Island	Die Mitnahme ist verboten. Ausnahme-	
Italien [19]	Vom Tierarzt bestätigt [1]	20 Tage
Jugoslawien	Vom Tierarzt bestätigt [1]	15 Tage
Kroatien	Vom Tierarzt bestätigt [1]	15 Tage
Lettland	Vom Tierarzt bestätigt [1, 7]	14 Tage
Litauen	Vom Tierarzt bestätigt [1, 7]	14 Tage
Luxemburg	Vom Tierarzt bestätigt [1]	1 Monat
Malta [20]	Einfuhrerlaubnis und 1 Monat Quarantäne	
Niederlande [21]	Vom Tierarzt bestätigt [1]	1 Monat
Norwegen [17]	siehe »Einreise nach Norwegen« Seite 167	
Österreich [22]	Vom Tierarzt bestätigt [1]	1 Monat
Polen	Vom Tierarzt bestätigt [1]	1 Monat
Portugal	Vom Tierarzt bestätigt [1]	1 Monat

Einreisebestimmungen

Impfung gültig für	Amtstierärztl. Gesundheitszeugnis nicht älter als	Tierärztliches Gesundheitszeugnis
12 Monate		
12 Monate [17]	ja, (14 Tage) [4]	
12 Monate		
12 Monate	ja [10]	
12 Monate		ja
12 Monate		
12 Monate		ja (höchstens 10 Tage alt)

siehe Seite 166

Ausgenommen sind nur Hunde, die aus Großbritannien eingeführt werden.

genehmigung bei isländischen Landwirtschaftsministerium

11 Monate	30 Tage gültig	
6 Monate		ja
6 Monate		ja (höchstens 30 Tage alt)
	ja (30 Tage) [8]	
	ja (30 Tage) [8]	
12 Monate		
12 Monate		
12 Monate		
12 Monate	ja (3 Tage)	
12 Monate	ja [4]	

Grenzformalitäten und

Land	Schutzimpfung Tollwut	Späteste Impfung vor Abreise
Rumänien	Vom Tierarzt bestätigt [1]	1 Monat
Russland	Vom Tierarzt bestätigt [1]	
Schweden	siehe »Einreise nach Schweden« Seite 170	
Schweiz	Vom Tierarzt bestätigt [1]	30 Tage
Slowakische Republik [19]	Vom Tierarzt bestätigt [1, 7]	1 Monat
Slowenien	Vom Tierarzt bestätigt [1, 3]	15 Tage
Spanien	Vom Tierarzt bestätigt [1]	1 Monat
Tschechien	Vom Tierarzt bestätigt [1]	1 Monat
Türkei [14, 15]	Vom Tierarzt bestätigt [1]	15 Tage
Ungarn [19, 20]	Vom Tierarzt bestätigt [1, 6]	1 Monat
Zypern	Einreisegenehmigung und sechsmonatige	

1 Eintragung im Internationalen Impfpass.
2 Tiere unter 3 Monaten brauchen eine Einfuhrerlaubnis.
3 Bei Tieren ist eine Impfung unter 3 Monaten nicht obligatorisch.
4 Gesundheitszeugnis sollte unmittelbar vor der Reise ausgestellt werden.
5 Erforderlich sind Gesundheits- und Impfzeugnis in deutscher und spanischer Sprache.
6 Impfung gegen Staupe muss im Internationalen Impfpass eingetragen sein.
7 Internationaler Impfpass mit Tollwut- und Virenkomplettimpfung (Staupe, Virus-Hepatitis, Leptospirosis, Parvovirus).
8 Inkl. Untersuchung auf Rinderflechte und Toxoplasmose.
9 Bei Tieren, die regelmäßig (einmal jährlich) geimpft werden, entfällt die 30-Tages-Pflicht.
10 Amtstierärztliches Gesundheitszeugnis in englischer, russischer oder estnischer Sprache.
11 Mindestalter des Tieres: 10 Wochen
12 Die 30-Tages-Frist entfällt bei Nachweis von regelmäßigen jährlichen Impfungen (mindestens 2).
13 Die Tiere müssen durch Mikrochip oder Tätowierung identifizierbar sein.

Einreisebestimmungen

Impfung gültig für	Amtstierärztl. Gesundheitszeugnis nicht älter als	Tierärztliches Gesundheitszeugnis
12 Monate		ja (10 Tage)
	3 Tage	
12 Monate		ja (höchstens 30 Tage alt)
12 Monate	ja (wenn Impfung gegen Virenkomplex nicht vorliegt; max. 3 Tage alt)	
12 Monate		ja
12 Monate		ja [5] (höchstens 10 Tage alt
12 Monate		
12 Monate		ja (mind. 15 Tage max. 12 Monate alt)
12 Monate	ja (8 Tage)	
Quarantäne		

14 Erforderlich ist darüber hinaus eine Abstammungsurkunde.
15 Zur Erleichterung der Einreiseformalitäten ist es sinnvoll, Dokumente ins Türkische übersetzen zu lassen.
16 Die Mitnahme der Hunderassen Pittbull-Terrier und Tosa sowie eine Mischung aus beiden ist grundsätzlich verboten.
17 Für Hunde herrscht von April bis September Leinenzwang. Kot muss vom Besitzer entfernt werden (Tüte und Schäufelchen mitnehmen).
18 Die Mitnahme von Kampfhunden (Pittbulls, Boerbulls und Hunde der Tosa-Rasse) ist verboten. Rottweiler, Staffordshire Terrier und American Staffordshire müssen einen Maulkorb tragen und an der Leine geführt werden.
19 Maulkorb und Leine sind mitzuführen.
20 Die Mitnahme von Kampfhunden ist verboten.
21 Die Einreise mit Hunden vom Typ Pittbull-Terrier ist verboten, die Einreise mit ähnlich aussehenden Bull-Terrier-Rassen wie American-Staffordshire-Terrier und Bull-Terrier-Rassen ist dagegen erlaubt. Bei den letztgenannten Bull-Terrier-Rassen gilt Maulkorb- und Leinenpflicht.
22 Größere Hunde müssen in der Öffentlichkeit einen Maulkorb tragen und an der Leine geführt werden.

Einreise nach Großbritannien

Seit dem April 2000 gibt es neue Bedingungen für die Einreise nach Großbritannien. Im Rahmen dieses Pilotprojektes, auch PETS (Pet Travel Scheme) genannt, werden entsprechende Neuregelungen auf verschiedenen Einreisewegen getestet, und zwar auf dem Seeweg von Calais nach Dover (Hoverspeed, P&O Stena, Sea France), dem Seeweg von Cherbourg, Caen, St. Malo oder Le Havre nach Portsmouth (Brittany Feries, P&O European) und im Kanaltunnel Coquelles nach Cheriton (Eurotunnel).

Folgende Voraussetzungen müssen nach PETS erfüllt sein:

- Hunde müssen mit einem Mikrochip versehen sein; falls sie vor Einpflanzen des Chips geimpft wurden, muss die Impfung wiederholt werden. Alle Arten von Mikrochips werden akzeptiert.

- 30 Tage nach erfolgter Impfung sollte eine Blutprobe des betreffenden Tieres entnommen und in einem vom britischen Landwirtschaftsministerium zugelassenen Labor, in Deutschland Institut für Virologie in Gießen, getestet werden (Tollwutantikörpertiter).

- Nach dem Bluttest beginnt eine Wartezeit von sechs Monaten, ehe der Hund nach Großbritannien einreisen darf (gültig ist der Tag der Blutentnahme). Innerhalb von 24-48 Stunden vor der Einreise muss der Hund von einem Tierarzt gegen Bandwürmer und Zecken behandelt werden (auch hierfür sind bestimmte Präparate vorgeschrieben).

- Als Nachweis, dass der Hund alle Anforderungen erfüllt, muss sich der Halter (Besitzer) von einem Amtstierarzt in seinem Land eine entsprechende Bescheinigung ausstellen lassen; eine Bescheinigung der Behandlung gegen Bandwürmer und Zecken ist ebenfalls vorgeschrieben.

Der volle Wortlaut der Erklärung sowie weiteres Informationsmaterial über PETS sind im Internet auf der Website des britischen Landwirtschaftsministeriums zu finden:

www.maff.gov.uk/animalh/quarantine/default.htm
Die PETS-Helpline erreichen Sie außerdem unter
Telefon: +44-0-87 02 41 17 10
Fax: +44-0-20 79 04 68 34
E-mail: pets@ahvg.maff.gsi.gov.uk

Einreise nach Norwegen

Seit Oktober 1998 gelten für Hunde neue Einreisebedingungen nach Norwegen. Es wird keine Einreisegenehmigung mehr verlangt. Zu den Tieren muss lediglich eine vom Tierarzt (nicht mehr vom Amtstierarzt) unterschriebene Bescheinigung vorliegen.

Folgende Auflagen müssen bei der Einfuhr von Hunden aus EU/EFTA- Ländern mit Tollwut vorliegen:

- Zweiteilige Tierarztbescheinigung: Gesundheitsbescheinigung (Teil 1) und Impfbescheinigung (Teil 2). Das Formular erhalten Sie bei der Staatlichen Norwegischen Tiergesundheitsverwaltung – Zentralverwaltung oder beim Tierarzt. Die Gesundheitsbescheinigung ist maximal 10 Tage gültig, muss von einem Tierarzt unterschrieben sein und ist Beweis dafür, dass das Tier keine ansteckenden Krankheiten hat und eine Behandlung gegen Bandwürmer durchgeführt worden ist. In den ersten Tagen nach der Ankunft in Norwegen muss der Hund nochmals von einem Tierarzt gegen Bandwürmer behandelt werden. Die Impfbescheinigung wird auf der Grundlage der Impf- und Blutprobendokumente ausgeschrieben, sie sollte von einem Tierarzt ausgefüllt und unterschrieben sein. Die Gültigkeit ist begrenzt durch die Gültigkeit der Impfungen / Blutproben (siehe unten).

■ Tollwut: Impfung mit einem zugelassenen Impfstoff innerhalb von 365 Tagen vor der Einreise. Hunde müssen bei der ersten Impfung mindestens 12 Monate alt sein. Die Blutprobe zur Kontrolle des Tollwutantikörpertiters kann frühestens 120 und spätestens 365 Tage nach erfolgter Tollwutimpfung vorgenommen werden. Die Blutprobe (abgenommen von einem Tierarzt) muss von einem anerkannten Labor (Institut für Virologie, Gießen oder Landesuntersuchungsanstalt für das Gesundheits- und Veterinärwesen Sachsen, Chemnitz) ausgewertet worden sein (Antikörpertiter mindestens 0,5 IE/ml). Falls dieser Titer nicht erreicht ist, muss der Hund erneut gegen Tollwut geimpft und wiederum frühestens nach 120 Tagen erneut getestet werden. Ausnahme: Hunde, die schon einmal einen ausreichenden Antikörpertiter vorgewiesen haben und später im Abstand von nicht mehr als 365 Tagen wiederholt geimpft worden sind, müssen sich nicht einem erneuten Bluttest unterziehen. Falls die Zeitspanne zwischen den Tollwutimpfungen allerdings mehr als 365 Tage beträgt, kann eine erneute Blutuntersuchung frühestens 120 Tage nach der letzten Impfung erfolgen!

- Leptospirose: Hunde müssen innerhalb der letzten 365 Tage vor der Einreise mit einem anerkannten Impfstoff gegen Leptospirose geimpft worden sein.

- Staupe: Hunde müssen innerhalb der letzten 730 Tage vor der Einreise mit einem anerkannten Impfstoff gegen Staupe geimpft worden sein. Leptospirose- und Staupe-Impfung müssen mindestens 30 Tage zurückliegen.

- Identifikation: Hunde müssen durch eine lesbare Tätowierung oder durch einen implantierten Mikrochip identifizierbar sein. Die Identitätsnummer muss in sämtlichen Impfbescheinigungen und in dem Blutprobenergebnis des untersuchenden Labors angegeben sein. Die Einreise von Pit Bull Terriern, Fila Brasiliero, Tosa Inu, Dogu Argentino ist verboten. In Zweifelsfällen wird geraten, die originale Ahnentafel sowie die Identitätskennung mitzuführen.

- Grenzkontrolle: Vor der Einreise nach Norwegen sind das Tier und die tierärztliche Bescheinigung unaufgefordert vorzuzeigen.

- Herkunft: Hunde, die nach Norwegen eingeführt werden, müssen sich mindestens für die Dauer von 6 Monaten in EU/EFTA-Ländern aufgehalten haben. Eine Eigenerklärung des Besitzers muss vorliegen.

Auskünfte erteilt darüber hinaus die norwegische Botschaft oder die
Staatliche Norwegische Tiergesundheitsverwaltung
Zentralverwaltung
Postfach 8147 DEP.
N - 0033 Oslo
Telefon: +47-0-22 24 194-0
Fax: +47-0-22 24 194-5

Einreise nach Schweden

Es gelten im Prinzip die gleichen Anforderungen wie für die Einreise nach Norwegen. Benötigt wird ein Gesundheitszeugnis, unterschrieben von einem Tierarzt inkl. Behandlung gegen Fuchsbandwurm (Gültigkeit 10 Tage) sowie ein Impfzeugnis mit den entsprechend erforderlichen Impfungen.
Einziger Unterschied: Leptospirose- und Staupe-Impfung müssen mindestens 45 Tage zurückliegen.

Außerdem gilt: Sind Sie in Norwegen eingereist, dürfen Sie ohne schwedische Einreisegenehmigung nach Schweden weiterreisen. Dagegen wird bei einer Einreise aus Deutschland, Dänemark und Finnland eine Einreisegenehmigung benötigt.

Antragsformulare erhalten Sie bei der schwedischen Botschaft oder über das Internet unter www.sjv.se.

Zum Autor

Dr. med. vet. Stefan Oetjen, Jahrgang 1961, ist Fachtier-
arzt für Kleintiere. Er arbeitet in einer Tierklinik in Hamburg, gibt Erste-Hilfe-Kurse für Hunde- und Katzen-
besitzer und -züchter und ist u. a. verantwortlicher
Tierarzt auf der Windhunderennbahn in Hildesheim.

E-mail: Oet_dogdoc@t-online.de

Bildnachweis

Bild 1	Inge Maria Peters, Hamburg
Bild 2	Inge Maria Peters, Hamburg
Bild 3	Inge Maria Peters, Hamburg
Bild 4	Inge Maria Peters, Hamburg
Bild 5	Inge Maria Peters, Hamburg
Bild 6	Inge Maria Peters, Hamburg
Bild 7	Jens Goethel, Hamburg
Bild 8	Inge Maria Peters, Hamburg
Bild 9	Inge Maria Peters, Hamburg
Bild 10	Inge Maria Peters, Hamburg
Bild 11	Inge Maria Peters, Hamburg
Bild 12	Inge Maria Peters, Hamburg
Bild 13	Jens Goethel, Hamburg
Bild 14	Jens Goethel, Hamburg
Bild 15	Jens Goethel, Hamburg
Bild 16	Jens Goethel, Hamburg
Bild 17	Inge Maria Peters, Hamburg
Bild 18	Inge Maria Peters, Hamburg
Bild 19	Inge Maria Peters, Hamburg
Bild 20	Inge Maria Peters, Hamburg
Bild 21	Inge Maria Peters, Hamburg
Bild 22	Inge Maria Peters, Hamburg
Bild 23	Inge Maria Peters, Hamburg
Bild 24	Okapia/Cogis/Hermeline, München
Bild 25	Dr. Stefan Oetjen, Hamburg
Bild 26	Dr. Stefan Oetjen, Hamburg
Bild 27	Dr. Stefan Oetjen, Hamburg
Bild 28	Dr. Stefan Oetjen, Hamburg
Bild 29	Inge Maria Peters, Hamburg
Bild 30	Inge Maria Peters, Hamburg
Bild 31	Inge Maria Peters, Hamburg
Bild 32	Inge Maria Peters, Hamburg
Bild 33	Okapia/Klein & Hubert, München
Seite 171	Jens Goethel, Hamburg

Register

ABC-Regel   54
Abmagerung   124
Aggressivität   100, 138
allergische Reaktion   21, 31, 75, 103
Analbeutel   27 ff.
Apathie   63
Atemfrequenz   68
Atmung   24, 54 ff.
Aufzucht ohne Mutter 142 ff.
Augen   21 f.
– Augenausfluss   98, 125
Austreibungsphase   140

Babesiose   121, 125
Bandwurm   110 ff., 166
Bauch   24 f.
Bewegungsapparat   25 ff.
Bewusstseinszustand 63 f.
Bindehaut, Lid   21
– Bindehautentzündung 94
Bissverletzung   41, 71 f., 99
Blutarmut   109, 125
Blutkörperchen   59
Blutzirkulation   58 f.
Borrelien   120

Borreliose   102 f., 104
brunstloses Stadium   136
Brustwandverletzung   56

Carre'sche Krankheit   93 ff.
Cumarinvergiftung   78

Darmdrehung   86
Darmkolik   86
Deckbereitschaft   137, 139
Decktermin   139
Diät
– für alte Katzen   17
– für erwachsene Katzen   17
Dirofilariose   123
Durchfall   69, 80 ff., 93 f., 101, 109, 114

Ehrlichiose   125
Einreisebestimmungen   45, 162 ff.
Eisprungstadium   136
Endoskopie   150 f.
Entwurmung   45
Erbrechen   69, 80 ff., 86, 93 f., 101
Ernährung   17 f.
Eröffnungsphase   140
Erste-Hilfe-Ausrüstung   67
Erziehung   29 f.

Fettleibigkeit 19
Fieber 93 f., 124, 142
Flöhe 31, 116 ff.
Fremdkörper 22, 56, 80,
 85 ff.
Fressunlust 144
Früh-Sommer-Meningo-
 Enzephalitis 120
Fuchsbandwurm 111 ff.,
 170
Fuß- und Krallenpflege 31
Futterverweigerung 93,
 100, 125

Geburt 140 ff.
– Geburtshilfe 147 f.
– Geburtsstörung 146 f.
– Nachgeburtsstadium
 141
Gesundheitszeugnis 162 ff.
Gewichtsverlust 114
Giardiose 114 f.
Grenzformalitäten
 162 ff.

Hakenwürmer 108 f.
Halte- und Stellreflex 66
Harnträufeln 151
Haut- und Fellveränderun-
 gen 20 f.
Hepatitis contagiosa
 canis 95 f.
Herz- und Kreislauf-
 erkrankungen 19

Herz- und Kreislaufstörun-
 gen 142
Herz- und Kreislaufverände-
 rungen 58
Herzbeutel-Tamponade 62
Herzfrequenz 62, 69 f.
Herzinsuffizienz 70
Herzmassage 61
Herzwurm-Erkrankung
 123 f.
Hitzeschlag 73 f.
Hitzestau 73 f.
Hüftgelenksdysplasie
 127 ff.
Hundeschule 29 f.
Hundeseuche 96, 104
– Stuttgarter 101 f., 104
Hundestaupe 93 ff.
Husten 98, 123

Impfung 48, 93, 162 ff.
– Impfpass 44, 47
– Impfschema 104
Infektionskrankheiten 80,
 93 ff.
Insektenstich 75 f.

kapilläre Füllungszeit 58,
 68
Kastration 148 ff.
– amerikanische 150
Kolostralmilch 144
Koma 63
Krallenverletzungen 72

Kürbiskernbandwurm
  110 ff.

Lähmung 65, 94
– Lähmungserscheinungen
  100 f.
Läufigkeit 135, 148
Leberentzündung, an-
  steckende 95 f., 104
Leishmaniose 124
Leptospirose 101 f.
Lungenentzündung 94,
  98
Lyme-Borreliose 102 f.,
  120

Magendrehung 82 ff.
Magenspülung 78
Mandelentzündung 98,
  101
Markierung 27
Medikamente
– Dosierung 129
– Verabreichung 130 ff.
Mikrochip 44, 166 ff.
Mundschleimhautentzün-
  dung 101
Mund-zu-Schnauze-Beat-
  mung 55, 75

Nachbrunststadium 136
Nasenausfluss 98, 125
Nasenschleimhautentzün-
  dungen 94

Nebenwirkungen 129 f.
Nesselsucht 75

Ohren 22 f.
Ohrenentzündung 22
Operation 26, 154

Parasiten 20, 80, 105 ff.,
  116, 122 ff.
Parvovirose 96 ff.
Peitschenwurm 109 f.
Pneumothorax 56 f.
Präputialkatarrh 153 f.
Puls 60 f., 68

Rabies 99 f.
Rattengift 78
Reisekrankheiten 122 ff.
Reizüberprüfung 65
Rubarth'sche Krankheit
  95 f.

Sauerstoffmangel 54
Sauerstoffunterversorgung
  59, 68 f.
Scheinträchtigkeit 138
Schlafplatz 32
Schleimhaut 23, 59 f., 125
Schock 59, 61, 68 ff.
Spielzeug 34 f., 90
Spulwürmer 106 ff., 115
Staupe 93, 104
– Staupegebiss 94
Sterilisation 149

Stoffwechselerkrankung
19, 21
Stoffwechselstörung 58,
80
Stupor 63

Tätowierung 43 f.
– elektronische 44
Tollwut 99 f., 104
Tollwutantikörper 46,
166 ff.
Tracheobronchitis, Infek-
tiöse 98 f.
Trächtigkeit 139 f.

Unfallort, Maßnahmen
53 ff.

Verbände 35 ff.
– Bauchverband 40
– Brustverband 40
– Druckverband
36 f.
– Knebelverband 37
– Kopf-Hals-Verband 39
– Kopfverband 39
– Pfotenverband
37 f.
– Polsterverband
37 ff.
– Rutenverband 41

– Stülpa-Verband 40
– Verband der Beine ober-
halb der Pfoten 38 f.
– Verbandsmaterial 35
Verbrennung 72 f.
Verbrühung 73 f.
Verdauung 20
Vergiftung 63, 76 ff.
Vorbereitungsstadium 136

Welpenkost 17
Welpenschreien 145
Welpenwimmern 145
Wespenstich 75
Wirbelsäule 66
Wunden 36, 42
– Wundinfektion 72
Wurmbefall 105 ff.

Zähne 23 f.
Zecken 102, 119 ff., 125,
166 ff.
– Zeckenbiss 25
– Zeckenhalsband 103,
121
– Zeckenzange 121
Zentralnervensystem 63 ff.
Zucht 128, 137
Zwingerhusten-Komplex
98 f., 104
Zyklus 136